ヨーロッパから上海〜長崎への多文化的融合

The Journey of the Woodblock Prints of Father Marc de Rotz: From Konstanz to Shanghai and Nagasaki (c. 1875)

ド・ロ版画の旅

郭 南燕　編著
Guo Nanyan

創樹社美術出版

本論文集は、人間文化研究機構基幹研究プロジェクトの成果であり、同機構の出版助成による。

「ド・ロ版画」の主導者ド・ロ神父。パリ外国宣教会撮影とされる全身写真

1：ド・ロ版画「悪人の最期」（大江天主堂蔵）

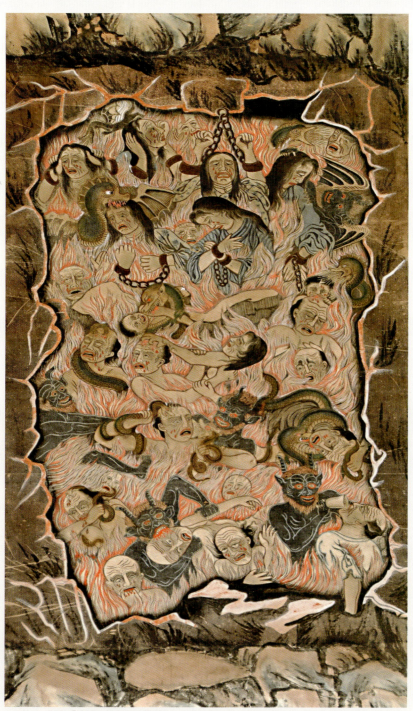

2：ド・ロ版画「地獄」（大江天主堂蔵）

3：ド・ロ版画「人類の復活と公審判」（大江天主堂蔵）

4：ド・ロ版画「煉獄の霊魂の救い」（大江天主堂蔵）

5：ド・ロ版画「善人の最期」（大江天主堂蔵）

はじめに　ド・ロ版画500年の旅をたどる

郭　南燕

　フランス生まれのカトリック神父ド・ロ（1840-1914）は、1868年の来日から1914年の逝去までの46年間を、惜しみなく日本に捧げた人物である。
　その面影をもとめて長崎空港に到着すると、まず目に飛び込んだのは、荷物受取口付近の壁に大きく貼ってあるポスターであった。髭を生やしたド・ロ彫像の写真とソーメンの広告だ。
　「ド・ロさまそうめん　日本のパスタのルーツ　ド・ロさまからの贈り物」というコピー。これは、ド・ロと長崎地方との関係を鮮やかに表している。
　ド・ロは来日してから九州において、印刷、飢饉救済、疫病救助、防災、殖産、医療、教育、福祉などの先駆的な活動を行い、しかも外海地域の出津で殖産に励んだ婦人たちにソーメンの作り方も教えたため、「ド・ロさまソーメン」と名づけられている。
　長崎空港の売店はもとより、大浦天主堂などの観光施設付近のお土産商店でも、「ド・ロさまソーメン」は所狭しと陳列されて、ド・ロが九州に遺した足跡の大きさを印象付けてくれる。
　ド・ロの功績は、日本では比較的に知られている。たとえば、文部科学省編『初等教育資料』に「外海の太陽」という題で収録されている。これは、小・中学生に「郷土の先人の伝記、逸話」を伝える目的で編集されたものである。日本の小中学生たちにとっても馴染みのある人物である。
　ド・ロに関する書籍はさまざまある。たとえば、研究書では片岡弥吉『ある明治の福祉像：ド・ロ神父の生涯』（1977）、江口源一『ドロさま小伝』（1993）、森禮子『神父ド・ロの冒険』（2000）、矢野道子『ド・ロ神父その愛の手』（2004）と『ド・ロ神父黒革の日録』（2006）があり、文庫本は岩崎京子『ド・ロ神父と出津の娘たち』（2014）と谷真介『外海の聖者ド・ロ神父』（2014）、漫

画では西岡由香『愛のひと：ドロ神父の生涯』(2009)とニューロック木綿子『そのとき風がふいた：ド・ロ神父となかまたちの冒険』(2018年)などがある。ほかに新聞・雑誌記事や学術論文など多数ある。

　ド・ロは、自分がフランス生まれのカトリック神父であるからこそ、キリスト教の基本である「隣人愛」を実践し、フランスの文化と知識を日本に伝えることができたのだという思いで、親戚への手紙にこう書いている。

　　神さまが私たちにキリスト信者の両親をお与えくださったお恵みを最大限に味わうことができるのは、この日本国においてです。もしも、神さまが私たちをこの日本国に生まれさせていたら、私たちは今、どんなになっているでしょうか。決して、今のようではなかったでしょう。[2]

　この「私たち」とは、日本人に貢献したパリ外国宣教会の宣教師たちをも指していると思われる。
　ド・ロおよび他の多くの宣教師や日本人協力者の努力によって、長崎地方では数多くの信者だけではなく、日本人聖職者も次から次へと誕生している。[3]日本における、ローマ法皇の最高顧問である枢機卿はいままで6人が選出されているが、そのうちの3人（田口芳五郎、里脇浅次郎、前田万葉）が長崎県の出身者である。
　長崎においてド・ロは、1875年に大浦天主堂のとなりにおいて神学校を設計・建築し、1879年に大浦天主堂を増改築した。また、1882年に外海地方の出津教会を、1893年に大野教会を、1915年に大浦天主堂の境内で旧大司教館を、それぞれ設計・建築した。そのなかで、大浦天主堂、出津教会、大野教会は、2018年6月に世界文化遺産に登録された「長崎と天草地方の潜伏キリシタン関連遺跡」の12箇所に含まれている。[4]
　長崎に残された「ド・ロ遺産」の中には無視できないものがある。いわゆる「ド・ロ版画」の10点。これらの版画はド・ロの主導で1875年ごろ長崎の大浦天主堂付設の神学校で制作されたもので、ド・ロ自身が描いたわけではない。内容的にはキリスト教の聖人を表現し、教理の説明を図解したものである。九州だけではなく、京都、名古屋などでも使用されていたようである。
　ド・ロ版画の聖人画5点は「イエズスの聖心」「聖母子」「聖ヨゼフ」「聖ペ

トロ」「聖パウロ」と名付けられ、現在、大浦天主堂キリシタン博物館および他の施設に収蔵されている。

　残りの教理画5点は本書の主な研究対象であり、画題は「悪人の最期」「地獄」「人類の復活と公審判」「煉獄の霊魂の救い」「善人の最期」である。彩色付きで5点一揃いで現存しているのは、大江天主堂（天草市）と「お告げのマリア修道会」本部（長崎市）の収蔵品（口絵6～7）だけである。ただ、個人収蔵で門外不出のものもあり、長崎純心大学教員サイモン・ハル氏が目撃しているそうだ。

　ほかに、墨摺りや不揃いの彩色付きは九州地方を中心に多く散在し、大浦天主堂キリシタン博物館研究課長の内島美奈子氏の精力的な調査によって、収蔵状態が少しずつ明らかになってきている。本書「第5章」と石上阿希・内島・白石恵理による「ド・ロ版画／版木所蔵一覧」が現時点の詳細を示している。

　大江天主堂の5点は、ド・ロから大江天主堂の司祭ガルニエ神父（1860-1941）に贈られたもので、旧天主堂の改修時の1932年にすでにあったといわれる[5]。この5点は、いまでも大江天主堂の天井に近いところに、ガラスの額縁に入れられた一連が高く掲げられ、教会を訪れる人々に仰がれている（口絵6）。また、「お告げのマリア修道会」の5点は一連の掛絵であり（口絵7）、同修道会の久志ハル子会長の特別な許可により、2018年6月と9月に仔細に調査する機会に恵まれた。

　ド・ロ版画は、ヨーロッパの宗教思想・美術と、中国の風俗・伝統、日本の信仰・浮世絵などの諸要素を融合させたものと思われる。1930年ごろから日本美術家と研究者の関心を惹きつけ、約80年の研究史がある。しかし、謎めいた部分が多くあり、解明が待たれてきた。

　本書は、欧州から中国、日本へ渡ってきた聖画の歴史的背景をもつド・ロ版画の源流、制作、使用状況を考察し、約500年にわたって凝縮されたその多文化的要素を検討することによって、そこに潜んでいる東西交流史を浮き彫りにし、近代宣教師が日本にもたらしてきた文化的貢献を明らかにしたいと思う。

　16世紀中葉、イエズス会が始めたキリスト教の世界規模の宣教は、宣教地の言語と文化に対する学習と理解を前提とした。現地語を使用できなければ、

長崎でのマルコ・マリ・ド・ロ神父（上野彦馬撮影）　アドルフ・ヴァスール神父

　自分たちの考えを伝えることができないし、理解してもらうことも不可能であった。宣教師たちは現地語の辞書や学習書を作り、現地の歴史、伝統、地理、民間信仰などを学ぶと同時に、いかに現地の人々にわかりやすく、キリスト教の思想と科学知識を伝えればいいかをも工夫してきた。そのような活動こそが今日の国際化の先駆けだといえよう。

　ド・ロはパリ外国宣教会に所属する。本会はフランスのイエズス会士A・ド・ロードの指導に触発されて、1660年ごろ設立され、アジア宣教に専念した宣教会である。200年後のド・ロたちの日本宣教も、上海のフランス人イエズス会士A・ヴァスールが中国の民間信仰と美術を取り入れた宣教絵画から影響を受けていた。両宣教会のもつ深いつながりを知ることができる。

　宣教地の言語と文化への深い理解は、16世紀中期以降のフランシスコ・ザビエルを先駆けとするイエズス会士の在日、在華の宣教活動の中で実践されていた。したがって、宣教を助けるために制作された宗教画も、必然的に現地語と現地文化を吸収しなければ、現地の人々を信仰に導くことが難しくなる。ド・ロ版画は、明治初期に生まれた、まさに現地の言語と文化をうまく溶け込

ませた芸術品といえよう。

　本書の主な執筆者は6人である。郭南燕「第1章　ド・ロ版画の前奏曲：石版印刷から彩色木版画へ」は、ド・ロがプティジャン版の印刷を行った過程において1868年から69年ごろまでにすでに、上海より渡来したA・ヴァスールの数々の木版画に接触していたことを紹介し、そこからド・ロ版画が生まれたのではないかと述べる。続く郭「第2章　ド・ロ版画のルーツ：コンスタンツから上海〜長崎へ」は、ド・ロ版画の手本となったA・ヴァスールの絵がどのような理念のもとで誕生したのかを検証する。15世紀のヨーロッパで流行していた『往生術』の挿絵や1593年に出版された『福音書物語図解』を淵源として、17世紀の中国で制作された教理説明書の挿絵を継承、発展したのがヴァスールではないかと整理する。

　鄭巨欣「第3章　ヴァスール原画とド・ロ版画との比較」は、中国のキリスト教宣教絵画の歴史をたどり、ヴァスールの絵における中国の文様と信仰の表現を解釈し、ド・ロ版画5点がいかにヴァスール版画を模倣しながら、日本化したのかを考証する。白石恵理「第4章　ド・ロ版画にみる日本イメージの受容と展開」は、明治初期の日本、とりわけ長崎の社会・文化的背景を下に、ド・ロ版画における日本版独自の表象上の特色を解読し、どの集団の人びとを主たる対象とし、どのような点に注意を払ってキリスト教理を伝え広めようとしたのかを考察する。

　内島美奈子「第5章　ド・ロ版画と関連資料の収蔵状況」は九州地方を中心とするド・ロ版画の収蔵状況を報告し、ド・ロ版画のプリントが多数存在していることによって、当時のド・ロ版画の広範囲における使用と流布を彷彿とさせる。

　郭南燕「第6章　近代日本語文学の先駆者：プティジャン司教とド・ロ神父」は、中世キリシタンの子孫をカトリックに呼び戻すために、キリシタン言語を多用した書籍の印刷（プティジャン版）が、のちに大きなジャンルとなった近代宣教師の日本語文学を開始していたことを論述する。

　さらにコラムを二つ収載する。一つは高祖敏明「プティジャン司教がキリシタン言語に最後までこだわった理由」であり、キリシタン文学や言語学に大きく寄与したプティジャン版の歴史的背景、プティジャン司教が潜伏キリシタンの子孫に抱いた敬愛の気持ちと生涯消えなかった申し訳ない意識を解き明かし

てくれる。

　もう一つは長崎大教区の野下千年神父の証言である。神父は五島列島福江市の浦頭小教区の主任司祭を担当したときに行った堂崎天主堂の保護活動をはじめ、展示用のキリシタン資料の収集、ド・ロ版画3点「善人の最期」「悪人の最期」「人類の復活と公審判」（口絵13〜15）との出会いと修復の様子、その使用状況について教えてくれる。

　本研究を可能にしてくれたのは、大学共同利用機構法人・人間文化研究機構の研究プロジェクト「総合書物学」（国文学研究資料館主導）の助成金である。2014年10月から2019年3月までの4年半、国際日本文化研究センターに設置されたユニット「キリシタン文学の継承：宣教師の日本語文学」（代表郭南燕・井上章一）のメンバーたちは十数回にわたって、九州地方の実地調査と、徐家匯蔵書楼（じょかわい）（イエズス会が1847年設立、現在上海図書館付属）の文献調査を行なってきた。

　ド・ロ版画を収蔵している天草の大江天主堂、お告げのマリア修道会、大浦天主堂キリシタン博物館、堂崎天主堂キリシタン資料館、およびヴァスール絵の関係資料をもつ徐家匯蔵書楼が画像使用を許可してくれたおかげで、本書の刊行を実現することができたのである。

　本書は、本ユニットの成果刊行物である『キリシタンが拓いた日本語文学：多言語多文化交流の淵源』（郭南燕編著、明石書店、2017年）、『ザビエルの夢を紡ぐ：近代宣教師たちの日本語文学』（郭南燕著、平凡社、2018年）、『ミッションスクールになぜ美人が多いのか：日本女子とキリスト教』（井上章一・郭南燕・川村信三共著、朝日新聞出版、2018年）の延長線上にある。なお、「宣教師の日本語文学」という新しい研究分野の基礎情報を示す「外国人宣教師日本語著作目録」（郭南燕、石上阿希、増田斎作成）をネット上に部分的に公開していることも付言しておく。

はじめに　ド・ロ版画 500 年の旅をたどる

§注

▶ 1　文部科学省教育課程課・幼児教育課編『初等教育資料』（586）東洋館出版社、1992 年、「まえがき」、「外海の太陽」195-197 頁。
▶ 2　江口源一『ドロさま小伝』私家版、1993 年、168 頁
▶ 3　鎌田慧「外海町　炭鉱とキリシタンの街　第 4 回　ド・ロ神父小伝」『晨(あした)』17 集 8 号、1998 年 8 月、89 頁。
▶ 4　「長崎・天草港伏キリシタン関連遺産」と指定された原城跡、平戸の聖地と集落（春日集落と安満岳(やすまんだけ)、中江ノ島）、外海の出津(しつ)集落と大野集落、黒島の集落、野崎島の集落跡、頭ケ島(かしらがしま)の集落、久賀島(ひさかじま)の集落、奈留島の江上(なるしま)集落、大浦天主堂、天草の﨑津集落。
▶ 5　原聖「日本に入ったキリスト教絵解き」『アジア遊学』（キリシタン文化と日欧交流）127 号、2009 年、197 頁。

（本書における引用文献の漢字旧字体を新字体に改め、敬称を省略する箇所が多い）

目次

はじめに　ド・ロ版画500年の旅をたどる ………………………………… 郭南燕　1

第1章　ド・ロ版画の前奏曲：石版印刷から彩色木版画へ ……………… 郭南燕　11

    1　ド・ロ神父の来日　11
    2　来日までの印刷小史　15
    3　フランス渡来の石版印刷　17
    4　上海印刷の可能性　19
    5　上海土山湾から大浦天主堂へ　22
    6　手本となったイエズス会の絵　36
    7　制作時期と絵師　43

［コラム1］プティジャン司教がキリシタン言語に
　　　　　最後までこだわった理由 ……………………………… 髙祖敏明　55

第2章　ド・ロ版画のルーツ：コンスタンツから上海～長崎へ ………… 郭南燕　61

    1　ヴァスール神父の絵　61
    2　在華宣教師の絵画の影響　65
    3　善き死への希望　72
    4　ド・ロ版画の日本流布　78

第3章　ヴァスール原画とド・ロ版画との比較 …………………………… 鄭巨欣　83

    1　ヴァスールの先駆者：中国でのキリスト教図像の印刷　85
    2　ヴァスールの木版画　92
    3　「善人の最期」と「悪人の最期」　96
    4　「地獄」と「煉獄の霊魂の救い」　99

  5　「人類の復活と公審判」　104
  結び——日中の文化的要素の融合　105

第4章　ド・ロ版画にみる日本イメージの受容と展開　……… 白石恵理　109

  1　長崎に生まれたキリシタン版画　110
  2　絵解きと象徴——キリスト教と仏教、民間信仰のはざまで　112
  3　「地獄」と女性　119
  4　描かれた風俗と時代　123
  結び——中国での宣教と日本での宣教　132

[コラム2]　五島列島のド・ロ版画と堂崎天主堂 ……………………… 野下千年　141

第5章　ド・ロ版画と関連資料の収蔵状況　………………… 内島美奈子　147

  1　印刷事業の地——初代司祭館から旧羅典神学校へ　148
  2　大浦天主堂キリシタン博物館収蔵の関連資料　148
  3　その他機関におけるド・ロ版画の収蔵概要　154

[資料]　ド・ロ版画／版木所蔵一覧 ……… 石上阿希・内島美奈子・白石恵理（作成）　160

第6章　近代日本語文学の先駆者：プティジャン司教とド・ロ神父 ……… 郭南燕　165

  1　キリシタン子孫への働きかけ　166
  2　プティジャン司教とド・ロ神父の日本語力　168
  3　ド・ロ神父の歌　172
  4　プティジャン司教とド・ロ神父の随筆と短詩　180

おわりに　ド・ロ版画の多文化的イメージ ……………………………… 郭南燕　189

 引用文献　193
 人名索引　202

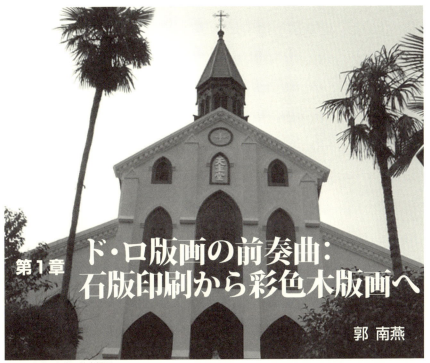

第1章 ド・ロ版画の前奏曲：石版印刷から彩色木版画へ

郭 南燕

長崎・大浦天主堂　筆者撮影

1　ド・ロ神父の来日

　マルコ・マリ・ド・ロ（Marc Marie de Rotz, 1840年3月26日–1914年11月7日）は、フランス西北ノルマンディ地方のヴォースーロール村（Vaux-sur-l'aure）に生まれた。父ノルベールは貴族の出身で、母アントワネットの家はナポレオン一世皇帝の馬係侍従で、貴族でもあった。マルコは4人兄弟で、長男オリビエ、次男マルコ、三男ベルナール、長女マグダレナがいる。

　19世紀のフランスでは暴動が頻発し、数多くの貴族が襲撃され、零落した。ド・ロ家は幸運にも村人に守られ、略奪の目に遭わなかった。父は財産に頼らず、知識と能力に頼ることを子供たちに教えていた。9歳のマルコは、当代一流の教育者デュパンルー司教（1802–78）が創立した聖十字架学院に入学し、

11

上流家庭と底辺社会の学生たちと一緒に学んだ。そして、デュパンルー師への尊崇の念が高まり、「神と人への愛に生涯をささげる」師のような人になろうと決心する。

　1860年、20歳のとき、オルレアン神学校に入学し、宣教師になるための学習を始めた。1862年9月にパリ外国宣教会の神学校に入り、東洋への布教を目指したが、1年後、病気のため止むを得ず退学し、故郷に戻り、そこで1865年に神父として叙階された。健康回復後、1867年にパリ外国宣教会に入会し、海外派遣に備えていた。▶1

　ド・ロは、小さい時から父親の方針にしたがって、放牧、農耕、裁縫を学び、医学、薬学、印刷、建築、パン・素麺・マカロニの製造、漁網作りなど幅広い知識と技術を身につけていた。のち、それらの技術は、長崎地方の医療救済、産業開発、土木建築、出版教育などにおいて威力を発揮し、日本に大きな恩恵をもたらした。▶2

　当時の日本は徳川幕府末期で、約250年続いたキリシタン迫害の政策はまだ緩まなかった。しかし、日本の開国を待ち望んでいたパリ外国宣教会は1853年、司祭たち（ジラール、フューレ、メルメ）を琉球に派遣し、日本語学習のかたわら日本入国に向け待機させていた。

　1858年日仏修好通商条約が結ばれ、翌59年にフランス人の日本入国が許可された。同年8月に長崎が開港して、大浦地域で外国人居留地が形成される。ジラール神父は日本布教責任者として9月に江戸に入った。横浜でも宣教活動が始まり、1862年1月、外国人居留地で建立された横浜天主堂（正式命名は横浜聖心聖堂）が竣工し、多くの日本人見物客を引きつけていた。11月にフューレ神父とプティジャン神父（Bernard-Thadée Petitjean, 1829-84）が横浜に上陸した。

　翌63年1月、フューレは長崎に到着し、2月に長崎在留のフランス人のために天主堂の建築をはじめた。7月にプティジャンも長崎に入った。神父たちは日本語と日本キリシタン史の学習に励みながら、根絶と思われたキリシタンの子孫を発見しようとした。1864年12月29日に天主堂が竣工し、「フランス寺」と呼ばれていた。

　わずか三ヶ月後、潜伏キリシタンの子孫が現れた。ジラール宛てのプティジ

第 1 章　ド・ロ版画の前奏曲：石版印刷から彩色木版画へ

ャンの書簡によれば、1865 年 3 月 17 日昼 12 時半頃、12 から 15 名の男女が聖堂に現れて、「単なる好奇心とも思われないような様子で天主堂の門に立っていました。天主堂の門は閉まっていましたので、私はそれを急いで開けに行きましたが、私が至聖所の方へ進むにつれて次第に、この参観者たちも私について来」た。プティジャンの祈りをしばらく見てから、年齢約 40 ないし 50 歳位の女性が胸に手を当てて、「ワレラノムネアナタノムネトオナジ」と告げ、浦上からきたと自己紹介した。それから、「サンタマリアご像はどこ？」(Santa Maria go zō wa doko ?) と尋ねた。

　プティジャンが聖母子像を示すと、その人たちは喜び、夢中になって、「そうだ、本当にサンタマリアさまだ！　ごらんなさい、御子イエズスさま (on ko Djezous sama) を御腕に抱いていらっしゃる」と叫び、自分たちが耶蘇の

図 1　「慶応三年三月十七日長崎の聖殿ニ於不意ニ昔時の信者の子孫が顕はれ教師に事情を語る図」ビリヨン閲、加古義一編『日本聖人鮮血遺書』(1887 年) の挿絵

聖誕と受難前の四旬節を守り続けてきたことをプティジャンに言い聞かせた。「彼らは十字架を崇拝し、聖母を愛し、祈りを誦えております。しかし、それらがどんなものか私にはよく分りませんが、あとでその他のことも詳しく分ることと思います」とプティジャンは記している。[3]

　この「信徒発見」は、プティジャンの書簡によって知れ渡り、東洋の「奇跡」と思われた。しかし、この「奇跡」は 300 年前にすでにザビエルによって予言されていた。すなわち「日本の地はキリスト教を長く守り続ける信者を〔増やす〕ためにきわめて適した国ですから、〔宣教のために〕どんなに苦労をしても報いられます。(略) インド地方で発見されたすべての国のなかで、日本人だけがきわめて困難な状況のもとでも、信仰を長く持続してゆくことができる国民だからです」[4]という考えがザビエルの書簡に現れている。

　この「奇跡」を知った欧米宣教師たちは、日本人の根強い信仰心に感動し、ザビエルの足跡に従って日本布教へ次から次へと赴いた。パリ外国宣教会のA・ヴィリオン神父もその一人である。彼の共著書『日本聖人鮮血遺書』(やまとひじりちしおのかきおき)(1887年) の挿絵は、「信徒発見」の場面を生き生きと表現している[5] (図 1)。

　1866 年に司教に叙階されたプティジャンは、復活キリシタンを指導し、またキリシタンの子孫にカトリックへ復帰してもらうために、広範囲の宣教に必要な印刷出版を希望した。1867 年、ローマとフランスを訪問中、パリ外国宣教会に出向き、印刷術を有し、殉死をいとわない宣教師を求めた。それに応じたのがド・ロであった。早速石版印刷術を習得した 28 歳のド・ロは、1868 年に石版印刷を主要な任務として、日本に派遣された。出発する前には、両親から日本宣教用に約 24 万フランを受け取っている。[6] 故国に帰還する予定のない息子へ与えた親の遺産と考えられよう。当時、1 フランは 2 キログラムのパンを買う価値があったので、今日の日本円に換算すれば、約 2 億 4,000 万円にあたるだろう。この「遺産」はのちにド・ロが長崎地方で行った数々の救済、産業、福祉などの活動に充てられた。

　ド・ロがプティジャンとともにマルセイユを出帆したのは 1868 年 4 月 19 日で、1ヶ月半の航行を経て、6 月 7 日に長崎に上陸した。それは奇しくも浦上キリシタン一村総流罪の太政官の達しが出された日で、なおキリシタン迫害の最中であった。

2　来日までの印刷小史

　ド・ロが、ドイツ人ゼネフェルダーによって1798年に開発された石版印刷術を日本へ伝えるまでの、日本の印刷史を簡単に振り返っておこう。

　日本最古の摺本は、法隆寺の百万小塔の中に安置された『無垢浄光大陀羅尼』にある根本、相輪、自心印、六度という四種類の呪法である（木版説が有力）。それ以降、仏教文化に支えられ、寺院による木版（整版）が中心であった。しかし、16世紀末の日本の印刷物は社会的な広がりを見せていなかった。[7]

　1549年8月15日、イエズス会宣教師フランシスコ・ザビエルが来日した。イエズス会東洋巡察使ヴァリニャーノが1582年に引率した遣欧少年使節団は、1590年にポルトガルから金属活字印刷機を日本に持ち帰り、日本における金属活字印刷を始めた。ローマ字と「漢字平仮名交じり連綿体」を活字化した「キリシタン版」は、西洋の技術と日本人印刷工の工夫によって、日本の印刷文化史上に大きな変化を起こした。[8]翌91年に、加津佐でローマ字綴り日本文の聖人物語『サントスのご作業のうち抜書』を発行した。その後、約100種類の本を発行したが、[9]現存するのは41点といわれる。[10]

　その後、1593年に、朝鮮の銅版活字印刷機材が、出征した諸大名によって日本へ持ち込まれた。銅版活字による印刷物は現存しないが、木活字をもって朝鮮活字技法をまねて印刷が行われていた。1615年、徳川家康の命により林羅山が銅活字で刊行した『大蔵一覧集』が、現存する日本最初の銅活字版とみなされている。[11]

　江戸期に入ると、読者層が増え、皇室、為政者、武家、医家、書肆などに広がった。活字版が間に合わなくなり、再び整版（一枚の板や瓦に彫る）によって、浄瑠璃本、義太夫本、歌舞伎脚本、俳諧書、読本、洒落本、人情本、滑稽本、草双紙、黄表紙、合巻が刊行された。一方、藩校版や私家版などでは文政年間（1818-30）、木活字を再利用するようになった。[12]

　一方、イエズス会宣教師によって銅版画（エングレーヴィング）が16世紀末、日本にもたらされ、日本人が宣教師のもとで銅版画の制作を開始したが、禁教のため、銅版画の発展は阻まれた。18世紀末になり、蘭学書籍から銅版腐食の技術を習得した司馬江漢（1747-1818）が、風景の銅版画（エッチング）を創

作[13]し、その後、銅版画は徐々に普及した。

　1855年、長崎オランダ商館付きの医師ファン・デン・ブルックが、東インド総督府から送られてきた石版印刷機を実験し、日本人にも石版印刷術を伝習していた。ブルックが帰国後、石版印刷機が日本人に譲り受けられた。その日本人は、町医者吉雄圭斎か、長崎で蘭学と洋式砲術を学んでいた土佐藩の細川潤次郎だった可能性が大きいと蜷川式胤は考えている。1857年、ブルックの後任ポンペ・ファン・メーデルフォルトが来日、医学や軍艦操舵法、湿板写真を伝えた。長崎の医学伝習所でポンペに教わった上野彦馬は、1862年に化学書の『舎密局必携』を刊行し、「写真石版」の項目で写真を石版印刷に応用する方法を紹介している。当時、理化学を研究する人たちの間に石版術の知識が共有されていたとみられている[14]。ちなみに本書冒頭にも掲載したド・ロ写真の撮影者は上野彦馬である。

　1860年、プロイセン使節団が手引きの石版印刷機を日本へ持ち込み、その名は「鉄製御紋押形」と称された。使節オイレンブルグ伯爵の日記によれば、ある日、江戸のある塗物師に印刷機を見せて、将軍の紋章「葵（あおい）」を一枚印刷して渡したら、仰天させてしまった。その塗物師は将軍の紋章と知ってすっかり恐れをなして、その紙を火鉢に放り込んでしまったが、しばらくしてから自分も一枚印刷させてほしいと言い出し、紋章を印刷した紙を懐にしまい込んだ[15]。

　横浜に居留した英国領事館付きの牧師ベーリが、1867年正月に『万国新聞紙』を創刊し、10月中旬発行の第7集と次の第8集の表紙を初めて石版刷りし、68年3月発行の11集は石版刷りと木版刷りを併用した。この『万国新聞紙』が日本最初の石版印刷物と考えられよう[16]。

　パリ外国宣教会のジラール神父とムニクー神父の主導で竣工された横浜天主堂は1862年1月12日の落成式を迎えた。多くの日本人見物客が殺到した。ジラールはパリの神学校宛の書簡で、「一カ月近く前から教会は朝から晩まで人で一杯です。またこの時から我々は、教会に飾ってある絵を用いて、毎日何百という人々に我が聖なる宗教の大綱を話しています」と報告している[17]。ジラールの宣教を記録した米国長老派教会の宣教師ジェームズ・ヘボンは2月24日付書簡で、神父は「かなりよく日本語を話すことができるので、毎日、会堂を日本人のために開いておいて、その会堂の壁面にかけてあった沢山の絵画を日本人に説明し、キリスト教の心理を説明してあるテキストを彼らに与えました

と伝えている。[18]

　俳人南草庵松伯もジラールの説教を聞いていたようで、『珍事五カ国横浜はなし』で、「天主生れたる所より終迄の額掛りあるとの事なり。住僧名ジラールといふ。世界に三人の物知り人といふ。其説法とく事高声さはやかにして、能わかり、日本の大人の如くとなり」[19]という感想を書いている。後日のカトリックの文献も「宣教師等は其機会を利用し、見物人の質問に答へ、絵画を用ひてカトリック教の主要なる心理を説明し、祈祷書などを分け与へた」と回顧している。[20] つまり、カトリック教会の絵画宣教は幕末からすでに始まっていたのである。しかもその絵画は石版印刷によるものであった。

　それらの絵に深い興味をもつ人がいた。1868年春以降に横浜にやってきた画家・写真家の下岡蓮杖（1823-1914）である。彼は、天主堂の中にかけてあった「吹けば飛び立つ程のこの紙一枚に画かれた」石版画の聖像を見て、その「砂目のやわらかい陰影のとりかた」[21]に驚き、自分もその技法を学ぼうとした。[22] 蓮杖はアメリカ人建築設計技師ビジンに石版手引印刷機・石版石の購入を依頼し、その技術を取得してから、砂目石版の徳川家康像を作った。その制作時期については1868～69年の間とする説があり、[23] 1869～71年の間という意見もある。[24]

　つまり、ド・ロが石版印刷術を日本へ持ち込む前に、横浜ではすでに石版印刷が試みられていたのである。

3　フランス渡来の石版印刷

　ド・ロの来日前、大浦天主堂の施設において伝統的な木版印刷が行われて、神父が到着二ヶ月後の八月にも木版本『聖教初学要理』が発行されている。その版木を彫ったのは「大工兼吉」であることが、当時の長崎奉行所公事方手付の作った「探索書」によって推定できる。[25] その「兼吉」は、のちのド・ロ版画の版木の彫り師である可能性もあるだろう。

　ド・ロは到着後、大浦天主堂のとなりにある二階建ての司祭館に落ち着き、そこで印刷を開始した。四ヶ月後に発行した『聖教日課』は最初の石版刷り（中国紙）で、木版印刷が中心だった江戸時代からの印刷方式に新しい手法を導入したものである。石版は印刷スピードが速く、大量印刷に適しているため、ド・ロは、翌1869年に7種の「プティジャン版」書籍を石版で印刷して

17

いる。すなわち、『御久類寿道行のおらしよ』『胡無知理佐无の略』『とがのぞき規則』『玫瑰花冠記録』『夢醒真論』『弥撒拝礼式』『聖教初学要理』で、いずれも中国紙を用いていた。▶26 ただし、『玫瑰花冠記録』は刊行年が明記されていないので、後述する。

　狭義の「プティジャン版」は、1865年から禁教高札撤廃の1873年まで、主にプティジャン（1866年司教叙階）の認可を得て、秘密裏に出版された書物（図書、暦、手紙など）の19種23点を指す。原本の多くは、潜伏キリシタンが秘蔵した16、17世紀に印刷されたキリシタン版の写本か、プティジャンがマニラやローマで入手したキリシタン版のローマ字原書を森松次郎か阿部真造が手写しで翻字したものであり、「ド・ロ版」とも称されている。▶27 広義の「プティジャン版」はプティジャンが最後に出版認可を出した1883年刊行の書物を含む69点を指す。▶28

　プティジャン版の特徴は、「時代と時代、文化と文化をつなぐ役割を果たした」とみられ、かつてのキリシタン版の言葉や概念を使うことにより、キリシタン時代と明治初期とをつなぎ、漢籍の和訳によって、中国カトリック世界と日本のそれとを結び、カトリック教会の伝統と宗教文化がふたたび日本文化と出会う機会をもたらした、と考えられている。▶29

　その体裁は中世キリシタン版の表題紙の割り付けを模倣しているとされる。キリシタン版は通常、中央に表題、右に刊行年、左に和暦による刊行年や付録の表題を配置したり、表題を中心にして左右に刊行年を分かち書きしたりして、三行に割り付けている。プティジャン版もそれと似ている体裁をとっている。▶30 このようなキリシタン版へのこだわりをみると、プティジャンとド・ロがいかにキリシタンの子孫たちをカトリックに呼び戻すための工夫をしていたかがわかる（コラム1を参照）。

　1869年に「痛悔」の利益を教える『胡無知理佐无の略』が刊行されている。潜伏したキリシタンたちが宗門改めをうけ、絵踏みを行うことを強要された250年間の苦渋を切り抜けられた一つの要因は、この『こんちりさんのりやく』が伝わったからで、「心ならずも行った行為に罪意識を持ち、神の赦しを求め、神とお交わりを取り戻すために、祈りつづけ」て、「幕末に宣教師に再び会った時に教会に戻れる原動力ともなった」と高祖敏明は考えている。▶31

　日増しに激しくなった迫害と破壊を避けるため、ド・ロの使っていた石版印

刷機は、1870年1月15日、フランス汽船アミティエ号に積まれて、上海へ避難させられた。それを記録したのが当時長崎在住の前記のA・ヴィリオン神父の日記『日本宣教五十年』である。「教理書刊行のため、今日まで随分と役立った石版印刷機」の避難を惜しむヴィリオンの気持ちが行間に滲んでいる[32]。石版術見習生5名も1870年初め、上海に避難している[33]。手元に石版印刷機がなくなったため、長崎においてはド・ロは何も印刷できなくなったであろう。

4　上海印刷の可能性

前記の『玫瑰花冠記録』に聖母マリア十五玄義に関する16枚の挿絵がある。それがいわゆる「ド・ロ版画」の前奏曲と考えられる。本書の出版年は不明で、出版地については上海ではないかと言われている。たとえば、姉崎正治は「明治初年に出た教書は、皆上海で印刷してゐるが、此の慎蔵（引用者注——阿部真造）の筆蹟をそのまゝ石版にしたものである」と書き[34]、ヨハネ・ラウレスは「多分上海で印刷された」と推測した[35]。海老沢有道も次のように述べている。

　　迫害下、教書出版は不可能のことであり、上海で石版刷し、長崎に持帰る方法が採られていたから、版下の筆者であり、文章の調整者でもある真造みずからが上海に赴いたことは、この秘密出版事業をいちじるしく進捗せしめたことであろう。一八六九年付け出版の一部は長崎で準備されたことであろうが、その多種多彩なことは、それを物語るであろう。（略）『玫瑰花冠記録』はこの年ヴァチカン公会議列席のため渡伊の途、プティジャンがマニラで入手したローマ字本『ロザリヨ修業』（一六二二年マニラ刊）、その増訂『ロザリヨ記録』（一六二三年マニラ刊）二種の編刊であり、司教が同道した伝道士森松次郎に翻字せしめたもので、（略）筆蹟は真造のものであり、松次郎の帰国は十一月ごろとその伝にあるから、そうした原稿を携えて真造が上海に亡命し、同地で上梓したもの（従って実際の刊行は一八七〇年）と推定される[36]。

石版印刷機の上海移動を疑問視したのは片岡弥吉である。そのように「ウィリオン師は記録していられるが、果して上海に移されたものか否かを明らかに

し得ないけれども、やがて横浜天主堂に移され、ここで石版印刷が行われることになった」と書いている。高祖敏明も「上海で印刷されたと思われるが、原稿を日本に送ってド・ロが印刷したのかもしれない」と推測している。

　まず、上海で石版印刷を行われたかどうかについて検討してみたい。当時の上海は『玫瑰花冠記録』を石版で印刷する技術があったようである。ロンドン伝道教会の宣教師メドハーストが石版印刷術を1843年に上海に持ち込み、翌年、墨海書店を開き、印刷を開始した。木版と金属活版を中心として、石版も若干あった。

　イエズス会が上海徐家匯の土山湾印書館で石版印刷機を購入し、石版印刷術を始めたのは1874年で、大型石版印刷機を購入したのは1876年だといわれる。しかし、その前にイエズス会士 Léopold Deleuze（漢字名：婁良材、1818–65）が土山湾で石版術に興じて、石版印刷機と石版を実際作っていた。それらの機材は、後の土山湾の石版印刷術の基礎となっている。しかも、1855年に徐家匯で石版印刷によるフランス語の教科書『法蘭文字』が見つかっている。つまり、阿部真造たちはたとえド・ロの石版印刷機をもっていなくても、上海の石版印刷機を使って印刷していた可能性はゼロではない。

　「土山湾」とは、イエズス会が1864年に上海西南の徐家匯（マテオ・リッチに協力した知識人徐光啓一家の活動地域）で孤児院を設立した場所の地名である。土山湾孤児院に付属する工芸工房は、絵画、彫刻、鋳金、家具、ステンドグラス、印刷などを営み、国内外で名を知られていた。土山湾印書館の設立は1867年で、多くの印刷物を世に出している。そこの版元名は「慈母堂」あるいは「土山湾」などと表記される。

　もしもパリ外国宣教会が上海でプティジャン版を石版で印刷したのなら、密接な関係にあるイエズス会も知っていただろうし、献本もされていたはずだろうが、今のところこれに関する文字資料は見つからず、イエズス会が創設した図書館の蔵書目録となる『徐家匯蔵書楼明清天主教文献』（鐘鳴旦ほか編、1996年）にもそれらしい本は入っていない。しかし、1870年1月、ド・ロの石版印刷機が上海に持ち出されたという記述があった以上、そこで印刷されていた可能性も否定できないだろう。

　一方、当時の長崎・横浜と上海・香港とは頻繁な交流があった。たとえば、1866年8月9日、上海のパリ外国宣教会の会計係カズナーヴ神父が長崎へ来て、

プティジャンが日本の教皇代理に任命されたことを告げた。それからプティジャンは香港へ渡り、そこで10月21日に広東の教皇代理ギュメン神父から祝聖式を受けてから、広東、上海を経て横浜に戻っている。つまり、長崎・横浜—上海・香港は、プティジャンのよく使うルートであった。

また、1868年7月18日に大浦天主堂の神学生10名は、クゼン（クーザン）神父に引率されて長崎を脱出し、三昼夜の海路を経て上海に上陸。パリ外国宣教会の会計部に18日間潜伏し、丁髷を切り、洋服に着替えた。その後、香港に約2ヶ月滞留して、マレー半島付近のペナン島に行き、そこの神学校に入学した。

1870年初頭（明治2年暮れ）、キリシタンへの迫害が厳しくなり、ローケーニュ神父は大浦天主堂内で養成しつつあった神学生13人と国語教師阿部慎蔵（のち真造）、石版見習生5名を上海へ避難させる。自分もその後を追って、上海へ渡り、しばらくして、一行は香港に移動した。さらに1870年3月、神学生4人が長崎を脱出して上海へ渡った。その一人の片岡倉松の体験談によれば、上海の天主堂「三徳堂」に一週間ほど滞留し、神父と中国人信徒によく面倒を見てもらったという。その「三徳堂」は「フランス教会」とも呼ばれ、上海バンド付近にあった。

阿部真造（1831年、長崎糀屋町生まれ）は大浦天主堂の神学校の国語教師で、1870年1月、上海に亡命して約四ヶ月滞在し、教書の出版にあたり、それから香港に滞在してから、1871年3月に横浜に戻り、プティジャンの指示にしたがって多くの教理書の版下を書いた、と海老沢有道は記述している。阿部は、プティジャン主導のさまざまな書物の編集と書写を助け、1873年の高札撤廃までにプティジャン版の刊行が活発であったのは、「ひとえに彼の尽力による」とみなされている。

しかし、たとえ上海で印刷していなくても、滞在中、阿部は石版見習生たちを連れて土山湾印刷工房を訪れて、そこを見学したことだろう。その際、イエズス会士A・ヴァスールが作画した数々の宣教絵画や挿絵として入った冊子などを目にしていたことが推測できる。

1870年1月15日、石版印刷機が上海へ持ち出されてから、ド・ロはどこに滞在したのだろうか。田中用次郎は「明治二年八月までに石版本十種類を出す。きびしい迫害の時代であったため上海に避難しそこでも印刷事業をなす。明治

四年に横浜に移り印刷業を行う」[50]と書いたが、「上海に避難し」たのはド・ロなのか、石版見習生たちなのかは明瞭ではない。ド・ロがその時期に上海に向かったという記録はないので、日本に留まっていたと考えられよう。矢野道子によれば、ド・ロの日本滞在中の唯一の海外旅行は1885年の香港・上海渡航で、製粉用水車の部品の調達のためであった。[51]

もしも阿部真造たちが上海で石版印刷に取り掛からなかったら、それを行うことができた場所は、横浜だけだったであろうと思われる。

5　上海土山湾から大浦天主堂へ

石版印刷主導者のド・ロは、石版印刷機を見送ってから、横浜に渡ったようである。マルナスの『日本キリスト教復活史』によれば、プティジャンが1870年12月中旬に海外から日本に戻っていたとき、ド・ロはすでに横浜で働いていた。[52] ド・ロは、自分の持ってきた石版印刷機がいったん、長崎から上海へ持ち出されてから、まもなく横浜へ持ち込まれて、そこで印刷を再開し、出版布教の大任を果たそうとしたのではないかと思われる。

ド・ロが横浜で石版印刷に取り組んでいた様子は、自分の祖父がド・ロの横浜での石版印刷を助けていたという江口源一の記述からうかがえる。すなわち、「明治四（一八七一）年ドロさまも横浜に逃避した。翌年五島から二名、伊王島から一名石版工を横浜に呼んだ。伊王島の一名は私母方の祖父（母の父）真島源太郎（略）。村役場に務め『字の源太郎』と渾名されていた程字（毛筆）が上手だった由。それで石版工に選出されたのであろう」[53]と。ただ、ド・ロは1871年ではなく、70年にすでに横浜に移住していることは前記のとおりである。そうすると、『玫瑰花冠記録（ロザリヨ）』が1870年以降、横浜で印刷された可能性が出てくる。

それを間接的に証明するのが、世界のカトリック宣教活動に関する週刊誌 *Les Missions Catholiques* の一文「宣教地の工房で制作された絵画」（Peinture de tableaux dans les ateliers indigènes des missions）であり、美術工房を土山湾で作ったヴァスール神父、マダガスカルで作った Taïx 神父、「横浜で作ったド・ロ神父」に言及し、中国、朝鮮、日本、チベット、ベトナムの画工はヨーロッパ人よりも絵画、彫刻、着色の技術が高いことを褒めている。[54]

この文章は、横浜滞在期間中（1870〜73年）のド・ロの絵画印刷を意味しているであろう。つまり、挿絵のあるプティジャン版『玫瑰花冠記録』と『ろざりよ十五のみすてりよ図解』（1870年刊、中国紙に石版刷）を指しているのではないかと思う。ド・ロの挿絵印刷は海外にも知られていたのである。

『玫瑰花冠記録』は、プティジャンの例言に「御出生以来千八百六十九年日本明治二巳四月廿五日まにらにおいて是を記す」とあるので（図2）、刊行年を1869年としているだけで、実際の刊行年は明記されていない。[55]「明治二巳四月廿五日」は西暦1869年6月15日に当たる。プティジャンは、ヴァティカン公会議に参加するためローマに赴く途中、マニラに立ち寄って、キリシタン関係書を物色し、ドミニコ会宣教師フアン・デ・ロス・アンヘルス・ルエダ著述の『ロザリヨの修行』（1622年刊）とその増補版『ロザリヨの記録』（1623年刊）を見つけて、主に後者に基づいて『玫瑰花冠記録』を編纂していた。[56]プティジャンに同行した伝道士森松次郎はそれを翻字して、1869年11月に日本に帰国してから、原稿を阿部真造に渡した。阿部はこの原稿を携えて、「上海に亡命し、同地で上梓したもの（したがって実際の刊行は1870年）と推定されている」と海老沢有道は見ている。[57]

つまり、『玫瑰花冠記録』は1869年に長崎で印刷された可能性は薄いということである。もしもこれは上海で印刷されなかったのなら、阿部が横浜に戻った1871年3月以降となり、明治四年辛未十月（1871年11月中旬から12月中旬まで）刊行の『ろざりよ十五のみすてりよ図解』の前後ではないかと思われる。なぜならば、『玫瑰花冠記録』と『ろざりよ十五のみすてりよ図解』の筆跡はいずれも阿部真造のもので、挿絵も同じだからである。ただ、前者の挿絵は豊かな模様に縁取られるが、後者は縁取りがない。前者の縁を取り除けば、両書の挿絵の図柄は全く同じで、寸法も相似している。前者は12.3×8.7cm、後者は12.8×8.9cm。同時期の写真石版による制作ではないかと推定できる。

ちなみにロザリヨとは「霊的なバラの花冠を聖母の栄誉に捧げる」という意味をこめて、13世紀のマリア伝説に由来するといわれる祈祷の方法の一つである。念珠をもって、主祷文、天使祝詞、栄唱を称えながら、キリストの玄義を黙想する。聖母に関する歓喜、苦痛、栄光の三玄義は、さらにイエス・キリストの生涯にあてられ、それぞれ5個ずつの小玄義にわかれて、合計「十五玄義」になる。[58]

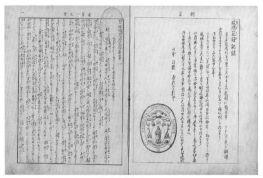

図2　プティジャン司教の例言

図3　『玫瑰花冠記録』の挿絵とレゼーの署名

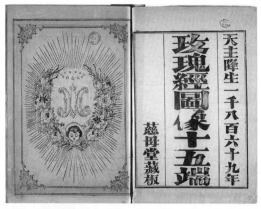

図4　『玫瑰経図像十五端』（慈母堂、1869年）の表紙と挿絵

　国立国会図書館デジタルコレクションで公開されている『玫瑰花冠記録』は3種あり、そのうちの1種の扉に1873年に来日したパリ外国宣教会のレゼー神父（Lucien Drouart de Lezey, 1849–1930）の直筆の署名がある（図3）。

　本書の挿絵16枚の手本は長く知られないままである。海老沢有道は「何れその手本になつた十五玄義図があつた事であらうが、その画家・図案家と共に未だ知る事を得ない。ご教示に俟つ」と1943年に書いている。[59] 高祖敏明もその16枚の挿絵は「人物は西洋人の風貌であるが、周囲には日本的な図柄による縁取りが施されている」とし[60]、「何らかの手本があったにしても、新たに作成されたもの」だと2012年に指摘している。[61]

　口絵を除いた15枚の挿絵は、1869年に土山湾「慈母堂」が出版し

第1章　ド・ロ版画の前奏曲：石版印刷から彩色木版画へ

た『玫瑰経図像十五端』の挿絵（A・ヴァスール作画）を模倣していることが今、明らかになっている（図4）。

　両者の挿絵を以下のように並列して比較してみよう（図5～19）。左は『玫瑰経図像十五端』（フランス国立図書館収蔵）のヴァスールの挿絵（木版）であり、右はプティジャン版『玫瑰花冠記録』の挿絵（石版）である。プティジャン版は部分的な模写であると同時に、日本の日常的な文様を多数用いている。絵師が日本的情緒を創り出そうとしていることがわかる。比べてみて、ヴァスース絵はそれほど中国的要素を表現していない。

　『玫瑰花冠記録』と『ろざりよ十五のみすてりよ図解』は、ヴァスール絵を参照していたことがわかる。実際、ヴァスールの作画した絵のリストがあり、「江南ミッション、土山湾の孤児院、中国現地画像のカタログ、徐家匯在住宣教師イエズス会士ヴァスール（范神父）によって1868年に考案、作画されたもの」という題名（以下「ヴァスール絵リスト」と略称）で、ヴァスール著『中国雑録』（1884年、図20）の39頁と40頁に掲載されている（図21）。そこに

図5　第1「聖母懐妊の報を天主より受ける」（ヴァスール絵）と縁飾り模様：百合と山吹（プティジャン版）

図6 第2「聖母聖婦イサベラに会う」(ヴァスール絵) と縁飾り模様：なでしこ、水蓮、カマキリ、蛙、蝉（プティジャン版）

図7 第3「主イエス・キリストの降誕」(ヴァスール絵) と縁飾り模様：百合の花（プティジャン版）

図8 第4「聖母イエスを聖堂に捧げる」(ヴァスール絵)と縁飾り模様:こぶし、牡丹、雀(プティジャン版)

図9 第5「12歳のイエス教理を説明する」(ヴァスール絵)と縁飾り模様:雛菊、蜻蛉、蝶(プティジャン版)

図10 第6「園で祈り、血の汗が出る」(ヴァスール絵) と縁飾り模様:松、鶴、日輪、雲 (プティジャン版)

図11 第7「イエスは鞭打ちを受ける」(ヴァスール絵) と縁飾り模様:梅、水仙、芍薬、セキレイ (プティジャン版)

第１章　ド・ロ版画の前奏曲：石版印刷から彩色木版画へ

図12　第8「イエスは茨の冠を受ける」（ヴァスール絵）と縁飾り模様：蓮の花、カワセミ（プティジャン版）

図13　第9「イエス十字架を負い、山を登る」（ヴァスール絵）と縁飾り模様：紅葉、菊、雉、蝶（プティジャン版）

29

図14　第10「イエスは十字架上で死す」(ヴァスール絵) と縁飾り模様：杜若、なずな、河骨、すずらん、ラン、鴨 (プティジャン版)

図15　第11「イエス復活」(ヴァスール絵) と縁飾り模様：葡萄 (プティジャン版)

第 1 章　ド・ロ版画の前奏曲：石版印刷から彩色木版画へ

図16　第12「イエス昇天」（ヴァスール絵）と縁飾り模様：多数花模様（プティジャン版）

図17　第13「聖霊降臨」（ヴァスール絵）と縁飾り模様：多数の花模様、蝶、鷺（プティジャン版）

図18　第14「聖母昇天」（ヴァスール絵）と縁飾り模様：桜、梅、ふきのとう、雉（プティジャン版）

図19　第15「聖母戴冠」（ヴァスール絵）と縁飾り模様：藤と多種類の花模様（プティジャン版）

第1章 ド・ロ版画の前奏曲：石版印刷から彩色木版画へ

図20 『中国雑録』(フランス国立図書館蔵)表紙

「玫瑰十五端図像」があり、歓喜五端、痛苦五端、栄福五端とまとめられ、紛れもなく『玫瑰経図像十五端』の挿絵を指している。

　このリストを見れば、これらの絵は一枚刷りかセットで、冊子あるいは書籍の挿絵として配布・販売されたようである。長崎と上海との交通を考えれば、1868年の段階ですでにヴァスール絵が上海から長崎へ輸入されていたかもしれない。それを示すのは、「明治二己巳仲夏新鎸」(1869年夏季)に長崎で刊行されたプティジャン版『弥撒拝礼式』の各ページを囲むさまざまな縁の文様である。これらの文様は、

図21　ヴァスール絵リスト(39頁と40頁)

33

ヴァスール絵に啓発されたのではないかと思われる。たとえば、「ヴァスール絵画リスト」の1番「La Création」(主造乾坤)には花模様の縁取りがあり(図22)、73番の「Immaculée Conception」(揀選主母)にも梅とさまざまな鳥を中心に、蝶、カマキリ、カナブンの装飾がある(図23)。プティジャン版『弥撒

図22 『中国雑録』掲載「主造乾坤」(86頁)

図23 『中国雑録』掲載「揀選主母」(87頁)

図24 『弥撒拝礼式』(1869年、国立国会図書館蔵)

図25 縁飾り模様：葡萄、麦、百合

拝礼式』（図24）も装飾文様の縁取りを各ページに取り入れている（図25）。文様には、日本の数々の植物と鳥があり、キリスト教のシンボルがちりばめられて、イエズス会紋章の三本の釘とパリ外国宣教会の頭文字Mが登場しているし、中国の典型的なデザインも散見する。間違いなくヴァスールの挿絵を参照していたことがわかる。

　以上を総括すると、ド・ロは、1869年11月ごろ、前記の森松次郎がマニラで手写して長崎に持ち帰った『ロザリヨの記録』を見ながら、長崎で入手したヴァスール絵と、あるいはそれらの絵が挿絵として入る『玫瑰経図十五端』を参考にして、『玫瑰花冠記録』の挿絵を考案していたのではないかと思われる。だが、迫害が緊迫して、神学生や石版見習生が次から次へと海外へ避難したため、長崎で挿絵を作るような余裕がなくなってしまう。ド・ロは、森松次郎筆の『ロザリヨの記録』原稿とヴァスール絵を携帯し、1870年に横浜に移動した。そこで画家に頼んで『玫瑰花冠記録』の挿絵を描いてもらったのではないかと推測できそうだ。

　前記のように、ド・ロが1870年までにすでに横浜に到着し、そこで活躍していたことは、マルナスによって記録されている。ほかに横浜天主堂（横浜聖心聖堂とも）の前面上部に四角の鐘塔をつくり、フランスから送られてきた聖母マリア像をその塔に安置することをも行っている。このように建築を含む芸術性の高い仕事にド・ロは横浜で携わっていたのである。

　ヨハネ・ラウレスは、1873年までの中国紙石版刷は上海で秘密出版され、それ以後1877年に至るまでのものは長崎出版と推定したことがある。しかし、石版の『聖教初学要理』が横浜で印刷されていたことは、当時の太政官課者の報告（1873年4月27日）によって確認されているし、海老沢有道は横浜天主堂に石版印刷を付設したのを1872年ごろとしているので、横浜では早くから石版印刷が始まっていたと考えられよう。

　しかし、1874年12月30日夜半の大火で、その印刷所・布教文庫などが灰燼に帰した。焼失物について、プティジャンは、アルムブリュステル宛の書簡で次のように書いている。

　　12月30日から31日にかけての夜、大きな不幸が我々を襲いました。横浜の我々の家が火事にあいました。隣家から出火し、すぐに我々の家に

延焼しました。私は、私の書斎から最も貴重な物をとりだすのにやっと十分間しかありませんでした。私が印刷することになっていたキリスト教書の原稿と 14 年前から集めてきたノートをまとめた瞬間に、天井が私の頭上に雨あられと降る燃えさしとともに落ちてきました。(略) 我々は、印刷工場と石版工場、そこにあった印刷機・印刷物・用品類、事務室、日欧の図書類、教会古文書、多くの聖器などすべてを失いました。[66]

いかに多くの原稿や印刷物が大火に奪われたのかがわかる。そして火事が発生した時、プティジャンが真っ先に保存しようとしたのが「キリスト教書の原稿と 14 年前から集めてきたノート」であったという証言は、出版に対する彼の熱意をひしひしと伝える。

6 手本となったイエズス会の絵

ド・ロは 1870 年から 73 年まで横浜に滞在し、確実に石版で印刷したプティジャン版書籍は 8 種ある。すなわち、1871 年の『ろざりよ十五のみすてりよ図解』『聖教日程』、72 年の『聖教初学要理』『煉獄説略』、73 年の『くるすのみち行』『後婆通志与』『洗滌之秘跡之事』『聖経(教)理証』である。[67] それらの宣教のメッセージを強烈な印象で表現したのはほかでもなく、「ド・ロ版画」であった。

『玫瑰花冠記録』の挿絵制作の時期に、「ド・ロ版画」の構想はすでに芽生えていたと考えられる。「ド・ロ版画」の 5 点の手本となっているヴァスールの絵は、前記「ヴァスール絵リスト」にある 7 番「La Bonne mort 善終」、8 番「La Mauvaise mort 悪終」、9 番「Le Purgatoire 煉獄」、10 番「Le Jugement 審判」、12 番「L'Enfer 地獄」である。

5 点すべてが挿絵として入っているのは冊子『聖教聖像全図』(図 26) で、「審判」と「地獄」の 2 点が挿絵として入っているのは冊子『救世主実行全図』であり、「善終」のみが挿絵として入っているのは冊子『教要六端全図』である。この 3 冊は 1869 年に慈母堂より刊行されたものである。

しかも、長崎に渡り、大浦天主堂に収蔵されていたことは確認できている。[68] つまり、プティジャンとド・ロはこれら 3 冊を実際見ていただろうと思われる。

第 1 章　ド・ロ版画の前奏曲：石版印刷から彩色木版画へ

図26　『聖教聖像全図』表紙（1869年）

「ヴァスール絵リスト」中の 7、8、9、10、12 番（善終、悪終、煉獄、審判、地獄）の一枚刷り絵（120cm × 65cm）を目にした可能性もある。なぜなら、お告げのマリア修道会（長崎）の収蔵品に、「善終」（口絵 35）、「地獄」（口絵 32）、「煉獄」（口絵 34）、「審判」（口絵 33）の一枚刷り大判があるからである。

　また、お告げのマリア修道会収蔵の墨摺手彩色「ド・ロ版画」の 5 幅 1 組（口絵 7）の各幅のサイズ（121cm × 81cm）はヴァスール絵の一枚刷りの寸法に近いので、ド・ロ版画の絵師はこれら一枚刷りを手本として下絵を作ったのだろう。

　「ヴァスール絵リスト」によれば、1 番～ 12 番は寸法がもっと大きく（156cm × 76cm）、彩色付もあったが、長崎に輸入されたかどうかはわからない。

　以上をみると、1868 年、長崎滞在中のド・ロは、すでにヴァスール絵を見ており、1870 年から 73 年までの横浜滞在期間中、プティジャン版『玫瑰花冠記録』と『ろざりよ十五のみすてりよ図解』の挿絵の制作とともに、ド・ロ版画の手本もしっかりと決めていたであろうこともわかる。

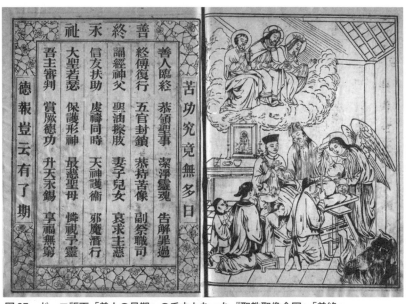

図27　ド・ロ版画「善人の最期」の手本となった『聖教聖像全図』「善終」

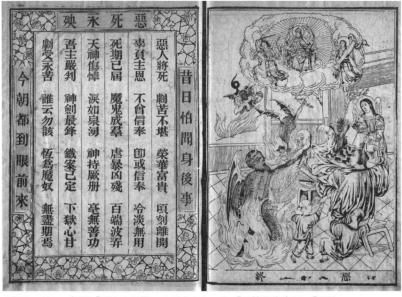

図28　ド・ロ版画「悪人の最期」の手本となった『聖教聖像全図』「悪終」

第1章 ド・ロ版画の前奏曲：石版印刷から彩色木版画へ

図29 ド・ロ版画「煉獄の霊魂の救い」の手本となった『聖教聖像全図』「煉獄で善功が贖われる」

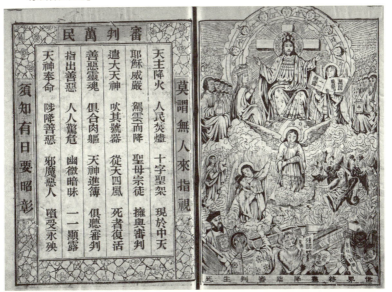

図30 ド・ロ版画「人類の復活と公審判」の手本となった『聖教聖像全図』「世界終了、イエス降臨、生死審判』

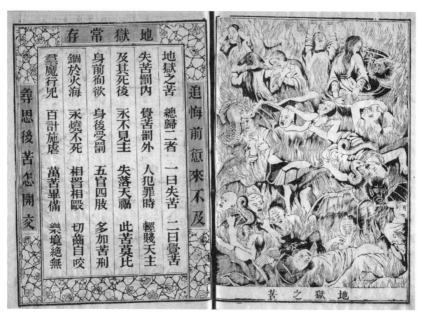

図31　ド・ロ版画「地獄」の手本となった『聖教聖像全図』「地獄の苦」

　ここで、以上の挿絵の左の漢文解説をみれば、ド・ロ版画5点の手本がどのような意味をもって制作されたのかがわかる（図27〜31）。
　ド・ロは、1873年に横浜から長崎に戻ってから、ヴァスール絵を手本として、木版画の制作を主導した。1879年以降は、外海地方に赴任し、長崎で収集したヴァスール絵もそこへ持ち込み、絵画宣教を続けていたようである。田中用次郎も「大浦で製作された版画も、清国からの版画も長崎教区内の教会で宗教教育に使われたものである」と記述している[69]。
　お告げのマリア修道会がヴァスール絵を保管しているのは、本修道会がド・ロが1874年に長崎で創立した「十字会」と、1879年に出津で創立した「聖ヨゼフ会」を母体としているからである。お告げのマリア修道会でド・ロ版画と手本のヴァスール絵画が見つかったのは約37年前であった。これについて『長崎新聞』（1981年8月27日）は下記の報道をしたといわれる（下線は引用者）。手写した報道は、2018年3月5日に、長崎市外海歴史民俗資料館の嘱託員平野正敏氏に見せていただいたが、実際の記事はなぜか『長崎新聞』には見当た

第 1 章　ド・ロ版画の前奏曲：石版印刷から彩色木版画へ

らない。

　今回見つかった版画は、「人類の復活と公審判」「善人の最後」「悪人の最後」「煉獄の霊魂の救い」の５点。いずれも墨刷りの木版画に、赤や黄、青などの絵の具で鮮やかに色付けされた宗教版画。縦1.2メートル、横3.3メートルの絹布に五点がまとめて張られていた。見つけたのは同町出津、お告げのマリア修道会出津修道院のシスター、山口シズさん（65）。
　先月下旬、同町牧野の廃屋となっている修道院跡の部屋で、ブリキの筒に入っていたのを見つけた。同町文化財保護委員で、ド・ロ神父記念館を管理する田中用次郎さん（60）が調査したところ、一般に「ド・ロ木版画」と呼ばれる10種類の版画のうちの５種類とわかった。（略）さらに同記念館が保管しているド・ロ神父の遺品で、<u>中国での布教活動に使われた版画17点のうち数点が、今回見つかった版画の下絵とみられることもわかった。</u>基本的な構図は同じだが、版画の中の人物の衣装、髪型、ベッドなどの備品が日本風に書き換えられている。同町は、これらを一括して県文化財に指定するよう申請する。

2018年６月と９月、お告げのマリア修道会会長の久志ハル子氏のご厚意に甘えて、ド・ロ版画と、手本とされるヴァスール絵を見せていただいた。感極まる瞬間であった。ヴァスール絵の一枚刷り（木版）は今の上海には数点しかないようで、フランスでも数点しか保存されていないといわれる。この修道会で多数のヴァスール絵に出会えたことに深い感動を覚えた。
　修道会収蔵のヴァスール絵を見て、ド・ロ版画「善人の最期」の手本は上記の挿絵以外に、さらに二つのバージョンがあることがわかった。一つは一枚刷りの大判木版画（133cm × 87cm、口絵35）で、もう一つは「要理六端」（129 × 66cm）という大判木版組画の一部分である（図32）。「善終」の下に次のような説明がある。「第四端、人本有霊魂肉身両件。肉身雖壊霊魂常存不滅。非草木生魂。禽獣覚魂随死随滅者也」（人間は本来、霊魂と肉体の両者あり、肉体が壊れても霊魂は常に存在し不滅だ。草木の「生魂」や禽獣の「覚魂」のように、肉体が死ねば、自ずと消えてしまうものではない）とあり、この絵は人間が死ねば、霊魂が天国へ昇る可能性を示す。

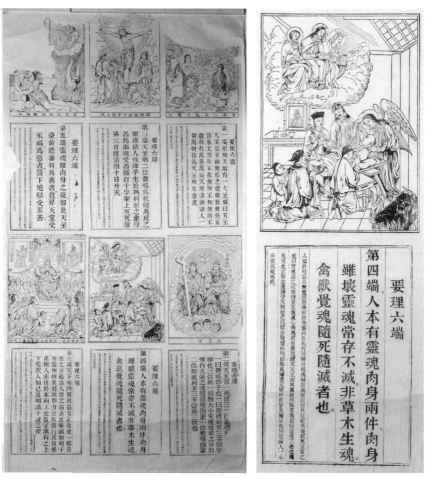

図32 ヴァスールの「要理六端」（右は部分）

　このようにド・ロ版画の「煉獄の霊魂の救い」「人類の復活と公審判」「地獄」の手本となるヴァスール絵には複数のバージョンがあるが、「悪人の最期」の手本だけが上記の挿絵以外のバージョンは修道院ではまだ見つかっていない。紛失したのかもしれない。
　同修道会収蔵5幅1組の墨摺彩色のド・ロ版画（口絵7）は、天草大江天主堂収蔵5幅1組（口絵6）より色が鮮やかなため、おそらく「戦後ないし昭和」のプリントだろうと原聖は推測している。▶70

7 制作時期と絵師

約80年前から始まったド・ロ版画に関する研究を刊行順に列記した表を以下に掲げる。

1. 永見徳太郎「長崎版画切支丹絵の報告」『浮世絵界』1938年3月。
2. 片岡弥吉「印刷文化史におけるド・ロ神父」『キリシタン文化研究会会報』9 (2)、1966年。
3. 小野忠重『江戸の洋画家』三彩社、1968年。
4. 樋口弘編著『長崎浮世絵』味燈書屋、1971年。
5. 片岡弥吉『ある明治の福祉像：ド・ロ神父の生涯』日本放送協会出版、1977年。
6. 越中哲也「表紙のことば：ド・ロ版画（一）」『長崎談叢』第65輯、1982年。
7. 出津カトリック教会（田中用次郎編集委員）編集、発行『出津教会誌』1983年。
8. 江口源一「ド・ロ様と出津文化村」『長崎談叢』77輯、1991年1月、104-107頁。
9. 江口源一『ドロさま小伝』私家版、1993年。
10. 原聖「キリスト教絵解き宣教師たちを追って」『ふらんぼー』22号、1995年、97-107頁。
11. 原聖「ド・ロ神父の絵解き」『女子美術大学紀要』26号、1996年、71-93頁。
12. Hara, Kiyoshi, "The Image Narrative by the father De Rotz (1840-1914): encounter moment of the cultural traditions between Brittany and Japan," *Celtic Forum*, No. 1, 1996, pp. 2-12.
13. 原聖「キリスト教絵解き説教の系譜をめぐって」『絵解き研究』13号、1997年、27-43頁。
14. 原聖「キリスト教絵解きと日本」『立教大学日本学研究所年報』2003年3月、138-148頁。

15. 原聖「キリスト教の絵解き」『国文学解釈と鑑賞』2003年6月号、180-188頁。
16. 原聖「近世キリスト教と唱導」『国文学解釈と鑑賞』2007年10月号、82-90頁。
17. 原聖「日本に入ったキリスト教絵解き」『アジア遊学』(キリシタン文化と日欧交流) 127号、2009年、189-205頁。
18. 原聖「キリスト教絵解きの伝播——東アジア地域を中心として」林雅彦・小池淳一編『唱導文化の比較研究』岩田書院、2011年、203-219頁。
19. 原聖「研究大会報告概要　民衆文化としての絵解き：キリスト教絵解きの比較文化論」『日仏歴史学会会報』28号、2013年6月、57-60頁。

　まず、ド・ロ版画の制作時期についてであるが、ド・ロは1873年に横浜から長崎に戻り、1879年以降、外海地方に赴任し、黒崎村の主任司祭になるまで、約6年間長崎に滞在した[71]。その間、木版画10枚の制作を主導したと思われる。その版木10枚が旧羅甸神学校の倉庫に収められ、現在、大浦天主堂キリシタン博物館に収蔵されていることは、版木作りと印刷と着色が長崎で行われたことを意味するだろう。

　1875年10月、ド・ロの設計による神学校(大浦天主堂のとなり)が新築された[72]。ド・ロ版画の印刷もその年だとされている。パリ外国宣教会年報(1915年)に掲載された「ド・ロ神父小伝」には、「新しい建物の一部屋に印刷機をおいて、書籍や、聖母マリア、聖ヨゼフの大きな聖画、十字架の道行を印刷した」という記述がある[73]。印刷が1875年以降なら、その前に版木作り、さらにその前に下絵作りがあったと推定することができる。江口源一はその版画作成の時期を1873年から75年までとしている[74]。

　ド・ロ版画の制作時期を「1874年」とする説もある。すなわち、『キリシタンの美術』という本であり、ヴァスールの絵「善終」を口絵とし、「よいキリシタンの臨終」という題名を与えて、次のキャプションが付されている。「原画は1856年(安政3年)頃，上海でバザール師(A. Vasseur S. T.)によって描かれた木版画、明治七年(1874)頃日本風俗にかき直されて長崎辺で教会掛図として布教説明に用いられた[75]」。「1874年」という記述の根拠は明示されて

いない。また二つのミスがある。一つは実際ヴァスールが上海へ到着したのは 1865 年であり、56 年ではなかったこと。もう一つはイエズス会の略称は S. J. で、「S. T.」ではないこと。ただ、「日本風俗にかき直されて長崎辺りで教会掛図として布教説明に用いられた」という文言は、ド・ロ版画の展示法と使用法を示している。

ド・ロ版画の存在にまず注目したのは美術史家永見徳太郎である。永見は 1930 年代、大阪で「悪人の最期」の鑑定を頼まれたことがある。「それを、一寸拝見すると、外人の筆跡に似てゐるが、何んとなく、長崎の香りが、画面に躍如としてゐるのである。そして其の大版画は軸に仕立てゝあつて、明治初年の作品と認め」ている。その後、また東京で「善人の最期」を見た。さらに大浦天主堂の物置中にそれらの版画の版木があることを知らされた。永見は 10 枚の画題を「イエススの聖心、聖母マリア、聖ヨゼフ、聖ペトロ、聖パウロ、天国と煉獄、地獄、善人の最後、悪人の最後、公審判」と命名している。

のちに片岡弥吉はカトリックの知識をもって、2 枚を命名し直した。すなわち「煉獄の霊魂の救い」と「人類の復活と公審判」と。その命名は、前記のド・ロ版画の手本となるヴァスール絵の挿絵題名に近い。

版木については、永見は「桜材を用ひ、四枚或は五枚を以つて、つなぎ合はせて」おり、仕上がりの画面大は「横約二尺八分、縦約四尺二寸一分、十種とも同様で、何れも縦絵」と書いている。彫師の姓名は不詳だが、「大した変わつた彫でもないが、大体巧妙な出来上りと見てゝ」として、10 枚とも縦絵で画面の寸法は同じで、「唐紙らしい。破損しやすいためであらうカンレイ紗を裏から貼つて」おり、仕立ては「掛け図で、木製の簡単な轆轤細工の軸がついてゐる」と記録している。永見はこれらの絵と中国画との関係について次のように推測している。

> 支那は、早くより切支丹浸入の国柄で、そこに作製された切支丹絵が、現存してゐる。その影響をうけたと見做してゝ様な筆法等が画面に表現されてゐる。或は支那絵を手本としたので有らうか。

これは永見の卓見である。手本となるヴァスールの絵を見ていないかもしれないが、中国画からの影響をいち早く認めているからだ。

画中の人物については、「浦上独特のシャツが描かれてあるなぞ、注目す可きである。又神以外の描かれた人物が日本人であり、チョン髷、ザンギリ頭がゐるのは、明治初期の風俗が点頭されやう。（略）悪人の最後は、十字架でなく日本の神を祭り、悪魔に苦しめられてゐるのである。宗教開拓の為め、切支丹の有難味を強調して示したので有らう」と書いて、「墨摺の上に筆彩色をほどこしたのであるから、衣服の縞模様や火焔の如きは、叮嚀に描いてある」と観察している。その後、永見は10種全部を墨摺りして、1組を大浦天主堂に納め、何組かを希望者にわけた。つまり、ド・ロ版画は、初版から50年後にまた世に出たことになる。

　永見の執筆時期に近い記録は、中村近蔵による回想（1943年）である。中村は1859年生れで、ド・ロが長崎に到来した1868年の時、わずか九歳であった。1875年10月にド・ロ設計の神学校の建物が竣工され、一期生として入学していた。同期に松川涼神父がいる。中村はそこで学んだが、健康が優れないため、神職者になる道を諦めた。その後、ド・ロの片腕として宣教、教育、産業、救済などのさまざまな活動に助力し、神父とともに大きな功績を立てた。

　中村はド・ロについて書いた「明治初年の開拓者ド・ロー師を憶ふ（一）」の中で、ド・ロ版画に言及している（引用者による下線部）。

　　さて、神学校舎も立てられ生徒募集も見るに至つたが、専任の教師がゐない。授業は夜間一回あるきりである。正規通りに神学校として授業を開始するに至つたのは、明治十年十月であつた。この二ケ年間に、ド・ロー師は活版機械を新校舎の一室に据ゑつけた。こゝは後の生徒食堂で、師は訳文校正係と画師とを雇ひ入れ、聖教初学要理や祈祷書、聖母マリヤ、聖ヨゼフの大きな御絵、十字架の道行の御絵等を発行した。これによつてみると今、大浦天主堂に秘蔵されてある十枚の木版、四終に関するものが五枚、主の聖心、聖マリア、聖ヨゼフ、聖ペトロ、聖パウロの五枚は当時の制作に係るものと思はれる。たゞ十字架の道行の御絵は石版刷であつたか、木版かはつきりしない。

　つまり、中村は「四終」（死、審判、地獄、天国）をテーマとする木版画5枚の印刷過程を直接見たわけではなく、1875年10月から始まり、76年10月を

第 1 章　ド・ロ版画の前奏曲：石版印刷から彩色木版画へ

経た 2 年間の在学中の記憶との一致を思い起こそうとしたのである。

　残りの 5 枚（イエズの御心、聖母マリア、聖ヨゼフ、聖ペトロ、聖パウロ）はだいたい墨摺であるが、大浦天主堂キリシタン博物館には墨摺彩色 3 枚「イエズの聖心」、「聖母マリア」（聖母子）、「聖ヨゼフ」（聖ヨセフと幼子イエス）が収蔵されている（本書の第 5 章）。ド・ロ版画 10 枚は長崎県によって 1977 年 1 月 15 日に県文化財と指定されている[87]。

　ド・ロ版画の絵師については謎が深い。永見徳太郎は「長崎市酒屋町に住居の絵師の描いたと言はれるだけで、相当の調査を試みたが、姓名は依然不明で有る」としている[88]。片岡弥吉によれば、永見はのちに、絵師について「酒屋町に住んでいた画人」という伝承が大浦天主堂にあることから、川原慶賀の孫田口盧慶ではないかと推定したことがある。片岡はさらに、「長崎区酒尾町四三番戸宮崎惣三郎の署名」のある「農耕図」など 16 枚がド・ロ神父記念館に収蔵されているため、ド・ロ版画の絵師は宮崎か田口の可能性があると書いている[89]。

　一方、越中哲也は片岡が宮崎惣三郎と想定し、永見が田口盧慶と想定したことを理由に、宮崎惣三郎はすなわち田口盧慶だという結論を出しているが、根拠は十分ではない[90]。

　川原慶賀（1786〜?）は、『浮世絵大事典』によると、「幕末の長崎派画家であり、出島出入絵師としてシーボルトをはじめとしたオランダ商館員のために、植物・動物・魚介類の写生図や、記録的に描かれた日本の風俗図制作をする一方、日本人向けに出島風俗や唐人・蘭人を描いたもの、西洋画の趣を加えた唐絵風の花鳥図等、異国趣味に応える作品や写実的な肖像画を描いた。息子盧谷（ろこく）親族と思われる盧慶、玉賀の号をもつ川原忠吉等、周辺に肖像画、長崎版画、植物図譜の制作を行なった画家がおり、工房的制作が行われていたことが推測される。また慶賀の風俗画を原本とした長崎版画が作られ広く流布し」、のちに田口と名乗った、と紹介されている[91]。

　川原慶賀の子田口盧谷（?〜1872）は、写実的風景画を得意とし、西洋画風を用いた写実的肖像画を能くし、死去の場所は酒屋町だといわれる[92]。「酒屋町」は上記のように、永見徳太郎が伝聞で知ったド・ロ版画の絵師の所在地でもある。

　田口盧谷の子とされた田口盧慶は、小野忠重によってド・ロ版画の下絵の絵

師と次のように断定されているが、根拠は示されていない。

　　慶賀の子田口芦谷も画才あり、「シーボルト像」、ことに「オランダ男女図」で父にない軽妙な水墨画の筆あとをのこすにしろ、じゅうぶんに画筆をふるう基盤を得られずに明治三年没し、その子芦慶は、現に大浦天主堂にのこる布教用版木の下絵画家としてとどまる。[93]

　長崎における版画の伝統について、『浮世絵大事典』は、オランダ、中国の風俗・習慣を描く対象とし、異国情緒・外国趣味にあふれる版画を土産物として売っており、長崎版画の最も古い作は18世紀半ばで、その作風は幕末まで続くと概説している。[94] すなわち、長崎において多文化的なイメージをもつ版画制作は日常茶飯事のことであった。このような伝統のある地域で制作されたド・ロ版画は、自然と「多文化的なイメージ」を溶け込ませることができたのであろう。
　樋口弘は『長崎浮世絵』において、ド・ロ版画は「長崎浮世絵」を継承したものとして次のようにみている。

　　長崎板画の伝統と技術は、明治になってからは、案外別な場所で、キリスト教布教用の板画として再生しているのである。長崎には明治の始め、キリスト教板画が板行されたとの伝承はあったが、これが確認されたのは、それから五十年もたって昭和になってからである。（略）盧慶は川原香山、川原慶賀、田口盧谷の血のつながる長崎の紅毛派画人、あるいは長崎板下絵師の最後の人といわねばならない。即ち長崎板画は明治になって滅びたが、長崎の板画技術はキリスト教板画として、明治になって継承されたのである。[95]

　江口源一は、自分の祖父・真島源太郎は字がうまかったため、「ドロ様の印刷所にも抜推されたのであろう。半農半漁、村役場吏員とも連絡を取っていた由」と伝え、大浦天主堂所蔵の「イエスの聖心」と「聖母子」の左右にある「ごじぶんをまつたくつくすほどに、ひとびとをあいしたまひたるこゝろをみよ」「天主のおんははなるさんたまりや、われらのためにねがひたまへ」と肉

太に書いた筆は「源太郎の筆跡ではなかろうか」と想像したことがある（口絵23、24）。

　絵解きの角度からド・ロ版画をもっとも深く研究しているのは原聖である。氏はフランス・ブルターニュ地方の絵解きの伝統とド・ロ版画との相似性、手本となったヴァスール絵との関係に関する論考を次から次へと発表している。本書も氏の研究に負うところが非常に大きい。

　本章ではド・ロ版画の前奏曲となる挿絵の印刷やその手本などを検討してきた。次章はド・ロ版画の手本からさらに時代を遡って、ド・ロ版画のルーツを探っていきたい。

注

▶ 1 片岡弥吉『ある明治の福祉像：ド・ロ神父の生涯』日本放送協会出版、1977年初版、96年3刷、17-25頁。

▶ 2 片岡弥吉「印刷文化史におけるド・ロ神父」『キリシタン文化研究会会報』9(2)、1966年、9頁。

▶ 3 純心女子短期大学長崎地方文化史研究所編『プティジャン司教書簡集』純心女子短期大学、1986年、69-72、174頁。

▶ 4 1552年1月29日コーチンよりローマのロヨラ宛て書簡、河野純徳訳『聖フランシスコ・ザビエル全書簡』3、平凡社、1994年、218頁。

▶ 5 ビリヨン閲、加古義一編『日本聖人鮮血遺書』京都：村上勘兵衛、1887年、384頁。

▶ 6 前掲、片岡弥吉『ある明治の福祉像：ド・ロ神父の生涯』37-39頁。

▶ 7 鈴木広光『日本語活字印刷史』名古屋大学出版会、2015年、19-20頁。

▶ 8 大内田貞郎「キリシタン版について」印刷史研究会編『本と活字の歴史事典』柏書房、2006年、12頁；大内田貞郎「「キリシタン版」に「古活字版」のルーツを探る」張秀民・大内田貞郎・豊島正之・鈴木広光・小宮山博史・宮坂弥代生・佐賀一郎・劉賢国・孫明遠・内田明・小形克宏共著『活字印刷の文化史』勉誠出版、2009年、23頁。

▶ 9 川村信三「キリシタン版挿絵教理書とその原型（ヨーロッパ版）との比較」浅見雅一編『近世印刷史とイエズス会系「絵入り本」』慶應義塾大学文学部、2014年、81頁。

▶ 10 「付録　イエズス会刊行キリシタン版一覧」豊島正之『キリシタンと出版』八木書店、2013年、1-6頁。

▶ 11 中根勝『日本印刷技術史』八木書店、1999年、121-135頁。

▶ 12 同、151-177頁。

▶ 13 東京都美術館編集・発行『日本銅版画史展——キリシタン渡来から現代まで』1982年、87-98頁。

▶ 14 蜷川式胤「附言」『観古図説　参』、引用は青木茂編『明治洋画史料記録篇』中央公論美術出版、1986年、63頁；増野恵子「日本に於ける石版術受容の諸問題」青木茂編『近代日本版画の諸相』中央公論美術出版、1998年、167-175頁。

▶ 15 日本学士院日本科学史刊行会編『明治前日本応用化学史』日本学術振興会、1963年、139-140頁；小野忠重『日本の石版画』美術出版社、1967年、9-10頁；オイレンブルグ伯著、日独文化協会翻訳・発行『第一回独逸遣日使節日本滞在記』刀江書院、1940年、151-153頁。

▶ 16 前掲、日本学士院日本科学史刊行会編『明治前日本応用化学史』148-149頁。

▶ 17 フランシスク・マルナス著、久野桂一郎訳『日本キリスト教復活史』みすず書房、

第 1 章　ド・ロ版画の前奏曲：石版印刷から彩色木版画へ

1985 年、197 頁。
▶ 18　横浜開港資料館編集・発行『横浜もののはじめ考』第 3 版、2010 年、171 頁；高谷道男編訳『ヘボン書簡集』岩波書店、1959 年、99-100 頁。
▶ 19　松柏「珍事五カ国横浜はなし・神奈川渡しと天主堂」石井光太郎・東海林静男編『横浜どんたく』下巻、有隣堂、1973 年、191-192 頁。
▶ 20　クラマン・柳茂安〈ル モ アヌ〉「横浜聖心聖堂の沿革（文久 2 年より昭和 21 年末に至る）」板垣博三『横浜聖心聖堂創建史』エンデルレ・ルーペルト、1987 年、120 頁。
▶ 21　前田福太郎『日本写真師始祖下岡蓮杖』新伊豆社、1966 年、144 頁。
▶ 22　同、144-147 頁；神奈川県立近代美術館編『神奈川県美術風土記』有隣堂、1970 年、153-154 頁。
▶ 23　前掲、中根勝『日本印刷技術史』216 頁。
▶ 24　前掲、日本学士院日本科学史刊行会編『明治前日本応用化学史』150 頁；山口才一郎「下岡蓮杖の写真事歴」初出は佐藤鉄弥編『写真事歴』1894 年 7 月、再掲載は『日本近代思想大系 17 美術』岩波書店、1989 年、280-281 頁。
▶ 25　前掲、片岡弥吉『ある明治の福祉像：ド・ロ神父の生涯』44-45 頁。
▶ 26　高祖敏明『本邦キリシタン布教関係資料（一八六五―一八七三年）プティジャン版集成　解説』雄松堂書店、2012 年、23、165-166 頁。ちなみに、ド・ロ神父が最初に手がけた印刷物を、一枚刷りの教会暦「天主降生千八百六十八年歳次戊辰瞻礼記」とし、「日本最初の石版印刷」とする説が長くあるが、高祖「解説」によれば、それは「楮紙に木版で一枚刷りされている」ものであり、プティジャン司教の許可を得ていない信徒たちの自主印刷で、潜伏キリシタンの間に伝わった暦を慶応 4 年（明治元年、1868 年）の太陰暦に改めたものである (57-58 頁)。したがって、ド・ロの石版印刷とは無関係のようである。
▶ 27　同、12 頁；前掲、片岡弥吉『ある明治の福祉像：ド・ロ神父の生涯』45 頁。
▶ 28　前掲、高祖敏明『本邦キリシタン布教関係資料（一八六五―一八七三年）プティジャン版集成　解説』12 頁。
▶ 29　同、20-21 頁。
▶ 30　同、9-10 頁。
▶ 31　同、73 頁。
▶ 32　前掲、片岡弥吉『ある明治の福祉像：ド・ロ神父の生涯』49-50 頁。A. Villion, *Cinquante ans d'apostolat au Japon*, Hong Kong: Imprimerie de la Société des Missions-Étrangères, 1923, p. 39. 原文は「Comme précaution, nous embarquons sur le brick francais l'*Amitié*, à destination de nos Pères à Shanghai, toutes les pièces de la lithographie qui, nous a été si utile jusqu'ici pour la publication des livres de doctrine.」とある。

51

▶ 33　浦川和三郎『切支丹の復活』後編、日本カトリック刊行会、1928 年、841 頁。
▶ 34　姉崎正治『切支丹禁制の終末』同文館、1926 年、171 頁。
▶ 35　ヨハネ・ラウレス「プティジャン司教とキリシタン伝統」『カトリック研究』第 20 巻第 2 号、1940 年、91 頁。
▶ 36　海老沢有道「阿部真造：維新前後における一知識人の足跡」『史苑』21(2)、1960 年 12 月、29 頁。改訂再収は海老沢有道『維新変革期とキリスト教』新生社、1968 年、193 頁。
▶ 37　片岡弥吉「阿部真造について」『キリシタン研究』第 6 輯、1961 年、137 頁。
▶ 38　前掲、高祖敏明『本邦キリシタン布教関係資料（一八六五―一八七三年）プティジャン版集成　解説』83 頁。
▶ 39　張偉「晩清上海石印業的発端と拓展」『歴史文献』1 期、2014 年、578-579 頁。
▶ 40　賀聖鼎「三十五年来中国之印刷術」張静盧編輯注釈『中国近代出版史料』初編、初版は群聯出版社、1953 年、重版は上海書店出版社、2003 年、269-272 頁；李天綱「土山湾：上海近代文化的重要淵源」、鄒振環「土山湾印書館与上海印刷出版文化的発展」『重拾土山湾碎片』（上）、上海錦繍文章出版社、2013 年、10、232-233 頁。
▶ 41　前掲、張偉「晩清上海石印業的発端と拓展」580-581 頁。張暁依「那些被淡忘的霊魂：土山湾印書館之歴任負責人」『重拾土山湾碎片』（上）、上海錦繍文章出版社、2013 年、238-239 頁。
▶ 42　D. J. Kavanagh, *The Zi-ka-wei Orphanage*, San Francisco: The J. H. Barry Company, 1915 (?), pp. 19, 23; 前掲、鄒振環「土山湾印書館与上海印刷出版文化的発展」219 頁。
▶ 43　浦川和三郎『切支丹の復活』前篇、日本カトリック刊行会、1927 年、374-375 頁。
▶ 44　同、615 頁。
▶ 45　前掲、浦川和三郎『切支丹の復活』後篇、841 頁。
▶ 46　同、329-330 頁。
▶ 47　上海市地方志辨公室編『上海房地産志』の「第二篇私営房地産業・第二章外商」1998 年、online 版。
▶ 48　前掲、海老沢有道『維新変革期とキリスト教』192 頁。
▶ 49　前掲、高祖敏明『本邦キリシタン布教関係資料（一八六五―一八七三年）プティジャン版集成　解説』104 頁。
▶ 50　出津カトリック教会（田中用次郎編集委員）『出津教会誌』出津カトリック教会発行、1983 年、86 頁。
▶ 51　矢野道子『ド・ロ神父黒革の日日録』長崎文献社、2006 年、100-101 頁。
▶ 52　前掲、フランシスク・マルナス著、久野桂一郎訳『日本キリスト教復活史』407-408 頁。
▶ 53　江口源一『ドロさま小伝』私家版、九州印刷（株）印刷、1993 年、15 頁。
▶ 54　*Les Missions Catholiques*, No. 699, 1882 年 10 月 27 日, pp. 514-515.

- 55 前掲、高祖敏明『本邦キリシタン布教関係資料（一八六五——八七三年）プティジャン版集成　解説』83 頁。
- 56 同、83-96 頁。
- 57 池田敏雄『人物中心の日本カトリック史』サンパウロ、1998 年、168 頁；海老沢有道『切支丹典籍叢考』拓文堂、1943 年、193 頁。
- 58 小島幸枝『キリシタン文献の国語学的研究』武蔵野書院、1994 年、312-313 頁。
- 59 前掲、海老沢有道『切支丹典籍叢考』129 頁。
- 60 前掲、高祖敏明『本邦キリシタン布教関係資料（一八六五——八七三年）プティジャン版集成　解説』97 頁。
- 61 同、120 頁。
- 62 前掲、海老沢有道『維新変革期とキリスト教』193 頁。
- 63 前掲、クラマン・柳茂安「横浜聖心聖堂の沿革（文久 2 年より昭和 21 年末に至る）」121 頁；カトリック山手教会編集・発行『聖心聖堂百二十年史——横浜天主堂から山手教会への歩み』1982 年、4 頁。
- 64 Johannes Laures, *Kirishitan Bunko*, Tokyo, 1940, p. 306. "This is probably the last work of the Japanese mission printed at Shanghai" と書いている。
- 65 前掲、海老沢有道『維新変革期とキリスト教』195-196 頁。
- 66 *La Religion de Jésus, Ressuscitée au Japon dans la seconde moitié du XIXe siècle*. Paris, 1896, II, p. 332；前掲、フランシスク・マルナス著、久野桂一郎訳『日本キリスト教復活史』472 頁。
- 67 前掲、高祖敏明『本邦キリシタン布教関係資料（一八六五——八七三年）プティジャン版集成　解説』166 頁。
- 68 柴田篤「明清期天主教漢籍流入の一形態：長崎大浦天主堂附属羅甸学校旧蔵書について」「長崎大浦天主堂附属羅甸学校旧蔵明清期天主教漢籍目録稿」柴田篤（研究代表）『幕末明治期における明清期天主教関係漢籍の流入とその影響に関する基礎的研究』九州大学文学部、1993 年、10、23 頁。
- 69 前掲、出津カトリック教会（田中用次郎編集委員）『出津教会誌』87 頁。
- 70 原聖「ド・ロ神父の絵解き」『女子美術大学紀要』26 号、1996 年、78 頁。
- 71 外海町役場編集・発行『外海町誌』1974 年、288 頁。
- 72 中島政利『福音伝道者の苗床：長崎公教神学校史』聖母の騎士社、1977 年、31 頁。
- 73 前掲、片岡弥吉『ある明治の福祉像：ド・ロ神父の生涯』65-66 頁。
- 74 前掲、江口源一『ドロさま小伝』198 頁。
- 75 千沢楨治・西村貞・内山善一編『キリシタンの美術』宝文館、1961 年、2 頁。
- 76 永見徳太郎「長崎版画切支丹絵の報告」『浮世絵界』3 巻 3 号、1938 年 3 月、7-9 頁。

大浦天主堂で版木の存在を 1937 年ごろ教えたのは浦川和三郎神父である。樋口弘編著『長崎浮世絵』味燈書屋、1971 年、93-94 頁。

▶ 77　前掲、永見徳太郎「長崎版画切支丹絵の報告」11 頁。
▶ 78　前掲、片岡弥吉『ある明治の福祉像：ド・ロ神父の生涯』64 頁。
▶ 79　前掲、永見徳太郎「長崎版画切支丹絵の報告」11-12 頁。版木のつなぎ合わせは、大浦天主堂キリシタン博物館のご協力で、2018 年 7 月に確認できた。
▶ 80　同、11-12 頁。これは、「お告げのマリア修道会」の収蔵品で部分的に確認できている。
▶ 81　同、13 頁。
▶ 82　同。
▶ 83　前掲、片岡弥吉『ある明治の福祉像：ド・ロ神父の生涯』64 頁。
▶ 84　同、215 頁；「序・パウロ松川涼師略伝」カルディナル・マニング著、浦川和三郎訳『永遠の司祭』長崎公教神学校、1939 年、VII 頁。
▶ 85　田中用次郎「外海町出津の信者：中村近蔵・島崎近太郎おぼえ書」『長崎談叢』61 輯、1978 年 3 月、24 頁。
▶ 86　中村近蔵「明治初年の開拓者ド・ロー師を憶ふ（一）」『声』No. 810、1943 年 9 月、44 頁。
▶ 87　長崎県教育委員会『長崎県文化財調査報告書　第 48 集　長崎県歴史資料調査キリシタン関係資料』長崎県教育委員会発行、1980 年、41-42 頁。
▶ 88　前掲、永見徳太郎「長崎版画切支丹絵の報告」11 頁。
▶ 89　前掲、片岡弥吉『ある明治の福祉像：ド・ロ神父の生涯』66 頁。
▶ 90　越中哲也「表紙のことば：ド・ロ版画（一）」『長崎談叢』65 輯、1982 年。
▶ 91　国際浮世絵学会『浮世絵大事典』東京堂出版、2008 年、151 頁。
▶ 92　同、151 頁。
▶ 93　小野忠重『江戸の洋画家』三彩社、1968 年、113 頁。
▶ 94　前掲、国際浮世絵学会『浮世絵大事典』356-357 頁。
▶ 95　前掲、樋口弘編著『長崎浮世絵』93-94 頁。
▶ 96　江口源一「ド・ロ様と出津文化村」『長崎談叢』77 輯、1991 年 1 月、104-106 頁。

プティジャン司教がキリシタン言語に最後までこだわった理由

髙祖 敏明

キリシタン言語を重用した「プティジャン版」

プティジャン司教が最後までキリシタン言語にこだわったのはなぜなのか。

この問いには一つの含みと、いくつかの質問が込められている。その含みとは、プティジャン版に使用された用語やレトリック、表現方法などが、その後のキリシタン文学や言語学などの研究に多大な影響を及ぼし、その発展に大きく寄与したとの理解である。

他方、質問としてはまず、プティジャンはなぜキリシタン言語と関わるようになったのか。それは、幕末の1865年3月の「信徒発見」の当事者がプティジャン自身であったことと関係する。この発見以降、カトリック教会に帰属した「復活キリシタン」への司牧活動は、潜伏キリシタンたちが先祖から代々受け継いできたキリシタン言語を重用して、教理書などを編んだ。それらが、のちに「プティジャン版」と呼ばれる一群の書物である。*1

第二に、そのプティジャン版は、長崎という九州の一角を対象にした出版物との謗りを当初から受けていた。それなのに、彼はなぜその出版を続けたのか。この疑問の背景には、復活した明治期のカトリック教会に宣教方針をめぐって路線争いがあったことが想定されている。一方に、漢文的素養を身につけた都会の教養人を対象に、いわば新生カトリックを目指して横浜や東京に軸足を置く立場があり、他方には、長崎とその周辺の、発見された潜伏キリシタンの用語や伝統を尊重する立場があった。その後の歴史の展開を見ると、新生側が主流となっていったのである。

第三に、プティジャンも新しい方向を知っていたし、これを無視したわけでもない。実際、御禁制に触れた廉で浦上のキリシタンが配流されていた1871年、プティジャンは横浜に行き、新たな宣教の可能性を見ている。そして72年ごろから、都会の教養人に働きかけるため『煉獄説略』や『聖経理証』などの漢語を多用した漢書系の出版を試みてもいる。しかし彼は、やはりキリシタン言語を重んじる立場に戻り、これがプティジャン版の特徴となっている。では、なぜ彼は伝統的なキリシタン言語に固執し、これに復帰して行ったのか。

これらの重層的な問いの答えを追究するためには、プティジャンとキリシタンたちとの関わり、プティジャン版の特徴などを、要点だけでもたどってみる必要があろう。

「信徒発見」の奇跡に立ち会ったプティジャン司教

プティジャンと潜伏キリシタンたちとの出会い

「信徒発見」の当事者として名を残しているベルナール＝タデー・プティジャンは、幕末から明治中期の日本で活躍したフランス人宣教師で、安政の五ヶ国条約によって幕府が開国に踏み切ってから4年後の1862年11月に来日した。

彼は、1829年6月1日にフランスのサオーヌ・エ・ロワール県に生まれた。1854年5月21日に司祭に叙階された後、海外宣教を志願し、59年7月10日にパリ外国宣教会に入会。1860（万延元）年に日本宣教を命ぜられ、まず那覇に、次いで62（文久2）年11月、生麦事件で騒然としていた横浜に上陸した。1863年7月、彼は長崎に入り、同じ宣教会のフューレが着手していた大浦天主堂の建築に協力する。1865（元治2）年1月からは、長崎奉行所の語学所でフランス語を教授していた。

大浦天主堂は1864年末には完成し、翌65年2月19日に献堂式を祝って日本26聖人に捧げられた。この26人は1597年2月、天下人秀吉の命によって長崎西坂にて磔にされたが、1862年6月、教皇ピオ9世によって殉教者として列聖されたばかりであった。新しい教会の献堂に、プティジャンたちはかつてのキリシタンたちの子孫と出会う望みを秘めていた。

献堂から約1ヶ月後の3月17日、天主堂見学を装った一団からプティジャンは、「ワレラノムネアナタノムネトオナジ」との告白を受け、「サンタマリアのご像はどこ？」と尋ねられた。ご像を確認した彼らは、自分たちが浦上村に住むキリシタンの末裔であることを告げた。世界の宗教史上の奇跡と言われる「信徒発見」である。もっとも、過酷な時代を乗り越え、多くの殉教者を出しながらも7代250年にわたって信仰を伝え維持してきた潜伏キリシタンから言えば、「神父発見」であった。

その後、信徒は長崎周辺や五島、天草からも続々と現れ、プティジャンたち司牧者には、潜伏キリシタンを「復活キリシタン」へと導く努力と、「切支丹御禁制」という政治的処置からの解放を勝ち取る闘いが始まった。特に

[コラム1] プティジャン司教がキリシタン言語に最後までこだわった理由

復活キリシタン5万余*4の指導と再教育は大きな課題であり、そのために採られた手段の一つが、教理書の編集と刊行であった。「プティジャン版」の誕生である。

プティジャン版の特徴と役割

プティジャン版とは、通常、プティジャン司教の認可の下、幕末から明治初期に刊行されたカトリックの宗教書類をいう。総計で約60種の図書・暦・書簡類を含むが、プティジャンが認可を与えていない書も数冊含まれている*5。

プティジャンは1866（慶応2）年に司教に任命され、カトリックの宗教書の出版許可を与える権限を得た。これ以降、石版印刷術を習得して1868年に来日した宣教師ド・ロの助力も得て、プティジャン版の刊行に精力的に取り組んだ。御禁制の下、秘密出版の形で、同年の『聖教初学要理』を皮切りに69年には8冊も刊行した。1873年（明治6）の高札撤廃までの6年ほどの間に、その数量は18種もの書や暦に及んだ。そこには、キリシタン時代の宗教書の系譜を引く『胡先血利佐無の略（ちりさんの略）』、『とがのぞき規則』や『玫瑰花冠記録（ろざりよ）』などの書も含まれていた。

こうして出版も信徒教育も軌道に乗ったかにみえた折、事態は急転する。1867年4月の浦上キリシタンの自葬事件に端を発し、同年7月には浦上四番崩れが勃発。これがやがて浦上の信徒約3,400名余が全国に流罪処分とされる事件へと展開したのである。明治新政府は幕府の禁教政策を踏襲し、欧米諸国からの執拗な抗議にもかかわらず、浦上村キリシタンのうち、まずは主だった信徒114名を68年7月に津和野、萩、福山の3藩に、70年1月には残る村民を全国22藩に預け、総配流を行ったのである。新政府としては国法として定めた以上、対外的には国の威信を、国内的には政府のメンツを重んじる必要があったのであろう。

プティジャンは浦上四番崩れが起こった段階で、フランス公使ロッシュに信徒釈放を働きかけるよう依頼し、同時に、信徒たちを指導して教皇に宛てた書簡を送らせたりした。そして自らは1867年10月末に日本を離れ、翌68年には教皇ピオ9世やフランス皇帝ナポレオン3世に直接日本の信徒の状況を説明し、その解決への助力を訴えている。しかし、プティジャンが新来のド・ロ神父を伴って帰日したその日に、太政官は浦上信徒の総流罪の達を出し、上述の信徒総配流を断行したのであった。

プティジャンは1869年、ヴァティカン公会議に出席するため再度ローマに赴き、ふたたび教皇に謁見し、信徒たちの窮状を訴えた。そして、総配流が行われた後の70年末に日本に帰国した彼は、教皇の書簡と自らの書簡とを印刷し、流された信徒たちに送って励ましを与え、信徒として歩むべき道を教えさとそうとした。このようにプティジャン版の刊行は信徒発見と、そ

れに続く浦上信徒総配流の事件と密接に関わっている。

　信教の自由を尊ぶ諸外国からの抗議と流された信徒たちの堅忍とにより、1873年2月に禁制の高札が撤去され、限定的ながら信教の自由が認められた。これを機に、プティジャン版の刊行はさらに成果をあげていく。1876年に教会が南北両教区に分けられると、自らは南緯教会の司教となり、大阪に司教座を移して近畿以西を管轄したが、補佐司教ローカニュの援助のもと、キリシタン伝統語による宗教書の出版をさらに推し進めた。こうして1877年以降、プティジャン・ローカニュ版ともいうべき書が出現する。1878年9月刊行の『オラシヨ並ニヲシヘ』が代表例で、その特色は文章が平易で通俗的であって、仮名主義が採られている点である。なおプティジャンは、やはり長崎とその周辺の信徒のことが気がかりであったのか、1880年に司教座を元に戻して長崎に帰った。1883年刊の『切支丹の聖教』が彼の最後の出版となり、84年10月7日に死去した。

　プティジャン版には、①潜伏キリシタンが秘蔵してきたキリシタン版（例えば、『胡无血利佐无の略』など）、②彼らが7代250年にわたって口伝ないし伝写した教理書、暦やオラシヨ（祈り）の類（例えば、『聖教日課』や『御久類寿道行のおらしょ』など）、③プティジャンがマニラやローマで入手したり、書き写したりした往時のキリシタン版を底本とし、森松次郎や阿部真造らが筆写して、ド・ロの指導で石版印刷したもの（例えば、『とがのぞき規則』や『玫瑰花冠記録』、『御姿通志与』など）、④教皇書簡やプティジャンの司牧書簡、⑤中国のキリスト教書の系譜を引くもの（例えば、『聖教要理問答』や『煉獄説略』、『聖経理証』）など、多彩な宗教書が含まれている。

　これらのうちプティジャンが力を注いだのは①と②であり、それを補強したのが③と④であった。では、なぜこうした方針が採られ、これになぜ最後まで固執したのか。

プティジャンの想いとこだわり

　じつは、彼が「信徒発見」の当事者であったことがもたらす心情的理由も大きいが、現実的条件への対応という理由も大きかった。

　まず、「神父発見」以降プティジャンの元には、長崎周辺の信徒から、キリシタン時代から伝えられてきたキリシタン版やそれに類する伝本や写本が次々と寄せられたこと。次に、彼らのあいだに洗礼の秘跡が綿々と伝えられ、250年間一人の司祭もいないのに信仰が正しく受け継がれてきており、この洗礼を含めて、信徒たちがオラシヨや教会の教えの伝承に、キリシタン時代のラテン語やポルトガル語を使用している事実を知らされたこと。他方、当時は禁制下にあり、宣教活動は公然とできないため新信徒の獲得はほぼ不可能で、復活キリシタンへの教育も秘密裏に行うほかなく、その範囲も長崎周辺に限られていたこと。

[コラム1] プティジャン司教がキリシタン言語に最後までこだわった理由

　プティジャンはこれらの状況に対応し、長崎周辺に居住する潜伏キリシタンの子孫たちへの司牧の務めを優先させた。プティジャン版の編集刊行はその務めを担う手段であり、その際、彼らが先祖から代々受け継いできた歴史と伝統を活かす方法を用いるのは、当然のことであった。
　そうした事情をよく物語るのが、彼の『聖教要理問答』批判である。この書は1865年、当時横浜にいた同じ宣教会のムニクゥが、中国のカトリック教会で使用されていた教理問答書『聖教要理』を底本に、日本語に読み下して編集したものであった。この書についてプティジャンは、「〔長崎の〕信徒たちは、彼〔ムニクゥが書いたままのもの〕を一語も読むことができない*8」、「ラテン語とポルトガル語の用語の問題に関してムニクゥ師の意見は実行できない……それ〔漢字〕は信者たちの場合にあてはまりません*9」などと、真情を吐露している。こうした体験があってこそ彼は、キリシタン版『どちりいなきりしたん』などを用い、キリシタン言語を基調にしたカトリック要理入門書『聖教初学要理』を1868年に編んだのである。
　とはいえ、冒頭に紹介したように、プティジャンは文明開化の賑わいを見せる横浜で、漢語を多く使用した漢書系の出版を志したこともあった。しかし彼は、結局はキリシタン伝統語を重視する出版へと復帰した。
　これらを勘案するとプティジャンは、目の前の現実的条件に司牧的に対応することが急務であったが、それ以上に、250年もの長きを代々つないで生き延びてきたキリシタンの子孫たちと出会ったこと、しかも彼らが司牧者がいない状況の中で信仰の基本を正しく伝えてきたことに神の計らいを見るとともに、彼らへの敬意と親愛の情に強く動かされていたように思える。
　しかし同時に、彼らへの申し訳ない気持ちも多分にあったはずだ。じつは、信徒の自葬事件が契機になって浦上四番崩れが起き、浦上住民の総配流へと展開したが、その自葬は信徒たちが勝手に営んだわけではなく、司牧者たちとの事前の相談を経て行われたものであった。信徒たちが「旅」と呼んだ配流と迫害の一因に、プティジャンたち司牧者側の状況認識と見通しの甘さもあったと推断できるのである。
　この敬愛の情と自責の念も混じった申し訳ない気持ちは、プティジャンの心に強く残り、生涯消えなかったであろう。プティジャン版には、彼のそうした複雑な想いが反映している。そう理解してこそ、為政者や社会から蔑（さげす）まれ、常に迫害を受けている信徒たちに最後まで寄り添った理由、彼らの生活に根付いた伝統や言葉を用いて、実際の生活の中でキリストの教えを生きる道を教え、励まし、彼らの信仰と敬虔な心を育てるよう骨身を削った理由が得心できるのではないだろうか。

§ 注

*1 「プティジャン版」という呼称は、海老沢有道が『カトリック大辞典』Ⅳ（冨山房、1940年）に「日本　出版事業」という記事を寄せた折に使ったのが最初のようである。

*2　純心女子短期大学長崎地方文化史研究所編『プティジャン司教書簡集』（純心女子短期大学、1986年）23、25頁。

*3　翌日（1865年3月18日）付けの長上ジラールに宛てた書簡で、Sancta Maria [no] gozō wa doko? と、ローマ字で綴っている。

*4　Francisque Marnas, La "Religion de Jésus" (Iaso ja-kyo) ressuscitée au Japon, Paris: Delhomme et Briguet, 1897, v. I, p. 543.

*5　例えば、①日本ではなく1866年にパリで、かつてのキリシタン版に基づいて出版された、Niffon no Cotoba ni …などの書。②プティジャンが司教になる前の1865年にムニクゥが横浜で出版した『聖教要理問答』。③日本が二つの教区に分割された後、南緯聖会補佐司教ローカニュが認可した『オラシヨ並ニヲシヘ』や、北緯日本聖会司教オゾゥフらの許可のもとで印行された『聖教初学要理』などの宗教書、である。

*6　片岡弥吉『ある明治の福祉像ド・ロ神父の生涯』（日本放送協会出版、1977年）41頁以下。

*7　プティジャン版の全体像や個々の作品については拙著『プティジャン版集成　解説』（雄松堂、2012年）を参照されたい。

*8　前掲、『プティジャン司教書簡集』80頁。

*9　同、113-114頁。

上海・土山湾孤児院美術工房の写真（出典：P. J. de la Serviere, S. J., *L'orphelinat de T'ou-se-we*, Zi-ka-wei, Shanghai: De L'orphelinat de T'ou-sé-wé, 1914)

第2章 ド・ロ版画のルーツ：コンスタンツから上海〜長崎へ

郭 南燕

　ド・ロ版画の5点「悪人の最期」「地獄」「人類の復活と公審判」「煉獄の霊魂の救い」「善人の最期」は、死に際と死後の世界に関する描写をもって、観る者に強烈な印象を与えてくれる。地獄と天国の対比は、いかに生きるべきかを諭すための啓示である。そのメッセージによってキリスト教の倫理性を鮮明に打ち出している。

　前章で述べたように、ド・ロ版画の手本はヴァスールの絵であった。本章ではヴァスールの宣教画、中国の絵画宣教の伝統、その手本であるヨーロッパの絵画などを遡ろうとする。

1　ヴァスール神父の絵

　アドルフ・ヴァスール神父（漢字名：范世熙、Adolphe Henri Vasseur, 1828

–99)は、フランス・エヴルー県ボルネの出身で、イエズス会の神学校（Collège de Fribourg, Grand Séminaire de Metz）で学んだ。1858年に司祭となり、62年に正式にイエズス会に入会して以後、65年中国南京に渡り、66-67年に上海徐家匯、67-68年に海門、68-69年に蘇州、70-71年にSen-tou（漢字不明）に滞在し、約6年間の江南地方の滞在を経て、71年初めにフランスに帰国する。それから1872年に北米に行き、翌73年に帰国。絵画宣教に携わり続けて、1899年に逝去した。[1]

当時の中国は、キリスト教宣教が許可されていたため、活発な宣教活動があった。ヴァスールが到着する数年前の1858年前後、上海市のカトリックの中心地は東部の董家渡にあり、司教がそこに居住し、神学校があり、26人の若者が勉学していた。その次は西南部の徐家匯で、もう一つの神学校があり、82人の神学者と10人の中国人教師がいた。中国語・中国文学の教育が中心で、絵画、音楽、フランス語の教育も行った。徐家匯は多くの宣教師が学び、休み、引退後の生活を過ごす場所であった。[2] イエズス会修道士フェレル（漢字名：范廷佐、Joannes Ferrer、1817-56）は1852年に徐家匯に芸術学校を設立した。

徐家匯と至近距離にある土山湾の孤児院には1864年に美術工房が設立された。担当教師は宣教師と芸術学校の学生たちであった。1872年、芸術学校は土山湾に移転し、孤児院の美術工房と合併して「土山湾画館」と称された。[3] 孤児たちは美術、音楽、印刷、工芸などを学び、印刷工房で印刷した数々の宣教書物と絵画を世界中に流布させていた。

江南地域に滞在していた時期のヴァスールは土山湾美術工房と密接な関係をもっていた。『アジアにおけるキリスト教オックスフォード・ハンドブック』によれば、「豊富な絵画をもってキリスト教を宣教するために、イエズス会のAdolphe Vasseurは、ローマからの指示を待たず、1868年に上海徐家匯で『ルカ絵画学校』を設立した[4]」と記録されている。また、1870年に土山湾孤児院の絵画指導責任を担当したともいわれる。[5]

ヴァスールの作品の集大成は、1884年にパリで出版された彼の著書『中国雑録』第1巻であり、[6] 前章で言及したように、「ヴァスール絵リスト」は、「江南宣教、土山湾孤児院、中国現地画像カタログ、徐家匯在住宣教師イエズス会士ヴァスール（范神父）により1868年に考案、作画されたもの」という題名で、39頁と40頁に掲載されている（前章の図21）。39頁右下に「土山湾慈母堂発

第2章　ド・ロ版画のルーツ：コンスタンツから上海〜長崎へ

售」とあり、発行先を明記している。

　ヴァスールは、イエズス会の絵画宣教の伝統を手本として、『中国雑録』に掲載された書簡6通において、宣教画製作の理念を伝えている。その第4の書簡は、江南代牧区主教ヴァレンティン・ガルニエ（漢字名：倪懐綸、Valentin Garnier, 1825-98）宛のものである。ここで、ヴァスールはこれらの絵画の具体的な制作過程について紹介している。すなわち、これらの絵画を制作するために、Chevreuil 神父が派遣した「ある宣教師画家」（ヴァスール自身のこと）はすぐ仕事に取り掛かり、すべての絵を描きあげてから、学生たちに木版を彫ってもらった。この仕事は完成まで3年間かかった。合計6冊の絵入り本、120枚の版木があり、テーマは家庭用と祭壇用に供される。ほかに高さ1.21mの版木が40枚あり、使徒と教理を表現するものである。15人の孤児からなるアトリエでは、印刷部の印刷した墨摺の絵を着色していた、と書いている。[7]

　このような記述から、「ヴァスール絵リスト」のあらゆる作品の絵師がヴァスール自身であったことがわかる。実際、ヴァスールは速筆の画家であったといわれる。3年間もかかったということは、つまり1865年に江南地域に到着してからすぐ制作に取り掛かって、「ヴァスール絵リスト」に記された絵がすべて1868年までに出来上がった、ということになる。

　ヴァスールのみずからの記録は、その前に彼の絵画活動を紹介した Les Missions Catholiques の記事とも一致している。すなわち、上海滞在のヴァスールは、絵（木版画）を150種作り、そのうちの40種は高さ1メートルを超え、公共場所での要理教育と教会装飾に利用された。さらに「要理六端」（前章の図32）は家庭内の掛軸として飾られていた。土山湾孤児院の子供たちは絵の着色を担当した。ヴァスールの絵は、中国、インド、日本、フィリピン、アメリカの宣教に使用され、大司教も教皇もヴァスールの絵を祝福し、中国各地の教区、日本のプティジャン司教や北米の教区などからも慶祝を得た、といわれる。[8]また、ヴァスールの絵の最初の印刷部数は6万5,000で、そのうちの7,000は中国、インド、日本、オセアニア、シリア、アメリカ大陸で使用されていたという。[9]つまり、プティジャン司教はヴァスールの絵を熟知していたことがわかる。

　前章で述べたように、ド・ロ版画の手本となるヴァスールの絵は1868年の時点ですべて出来上がり、それらを日本へ持ち込んだのはプティジャンで、

ド・ロは長崎でこれらの絵を見たのだろう。ヴァスールとド・ロを結ぶプティジャンの役割は、原聖の論文でも述べられている。[10]

　中国文化をキリスト教の宣教画に溶け込ませたヴァスールの活動は、イエズス会の世界宣教の基本的な姿勢の一つである。*Les Missions Catholiques* には、ヴァスールの宣教画を紹介する文章があり、その一節「宣教地の工房で製作された絵画」（Peinture de tableaux dans les ateliers indigènes des missions）では、美術工房を土山湾で作ったヴァスール神父、マダガスカルで作った Taïx 神父、横浜で作ったド・ロ神父のことに言及し、中国、朝鮮、日本、チベット、ベトナムの画工がヨーロッパ人よりも絵画、彫刻、着色の技術が高いことを褒めていたことは、前章ですでに言及したとおりである。[11]

　Les Missions Catholiques は1873年から99年逝去までの約26年間、ヴァスールの絵を掲載している。[12] ヴァスールの逝去後も、1911年5月12日（No. 2188）の広告面においてその絵画集 *Paroissien Illustré des Missions*（信徒用宣教図解）を子供たちの初聖体のお祝いの贈り物として推薦している。

　ヴァスールの絵は同じ図柄でも、さまざまなサイズがある。1枚刷り大判もあれば、挿絵のような小さいものもある。同じ画題でもサイズによって図柄が少し違い、版木の違いを示している。たとえば、1枚刷り大判の「善終」（口絵35）と挿絵の「善終」（前章の図27）とは、天井や服装の描き方はかなり違うし、前者にある中国服の天使が後者には描かれない。また、挿絵として利用する書籍でも内容の異なるものがいくつかある。たとえば、「審判（世界終尽降臨審判生死）」（口絵31）と「地獄（地獄の苦）」（口絵30）の入っている『救世主実行全図』（1869年／口絵29）は説明文が長く、識字レベルの高い読者を対象としたと思われる。

　一方、同じ2点を入れた『聖教聖像全図』（前章の図30と31）の説明文は「四字経」の体裁をとっており、子供を読者としたのだろう。中国の啓蒙的教材「三字経」と同じ工夫といってよい。

　このようにヴァスールの絵は、異なる読者層と異なる使用場所を想定して、繰り返し印刷されたのである。では、ヴァスールの絵はどのように生まれたのだろうか。次節では、その源泉を探ってみよう。

6:大江天主堂のド・ロ版画一連

7:ド・ロ版画一連(お告げのマリア修道会蔵の掛絵)

8：ド・ロ版画「悪人の最期」（お告げのマリア修道会蔵の掛絵）

9：ド・ロ版画「地獄」（お告げのマリア修道会蔵の掛絵）

10：ド・ロ版画「人類の復活と公審判」(お告げのマリア修道会蔵の掛絵)

11：ド・ロ版画「煉獄の霊魂の救い」（お告げのマリア修道会蔵の掛絵）

12：ド・ロ版画「善人の最期」（お告げのマリア修道会蔵の掛絵）

13：ド・ロ版画「悪人の最期」（堂崎天主堂キリシタン資料館蔵）

14：ド・ロ版画「人類の復活と公審判」（堂崎天主堂キリシタン資料館蔵）

15：ド・ロ版画「善人の最期」（堂崎天主堂キリシタン資料館蔵）

16：ド・ロ版画「善人の最期」（大浦天主堂キリシタン博物館蔵）

17:ド・ロ版画「善人の最期」(大浦天主堂キリシタン博物館蔵)の部分(上)

18:ド・ロ版画「善人の最期」(大浦天主堂キリシタン博物館蔵)の部分

19:ド・ロ版画「善人の最期」(大江天主堂蔵)の部分

20:ド・ロ版画「善人の最期」(お告げのマリア修道会蔵の掛絵)の部分

ド・ロ版画「善人の最期」のストラ部分の比較。左から白(大浦天主堂キリシタン博物館蔵)、青(大江天主堂蔵)、紫(お告げのマリア修道会蔵の掛絵)と分かれている

21：ド・ロ版画「イエスの聖心」（大浦天主堂キリシタン博物館蔵）

22：ド・ロ版画「聖母子」（大浦天主堂キリシタン博物館蔵）

23：ド・ロ版画「イエスの聖心」彩色付（大浦天主堂キリシタン博物館蔵）

24：ド・ロ版画「聖母子」彩色付（大浦天主堂キリシタン博物館蔵）

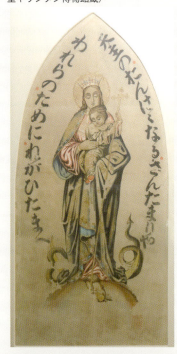

25：ド・ロ版画「聖ペテロ」（大浦天主堂キリシタン博物館蔵）

26：ド・ロ版画「聖パウロ」（大浦天主堂キリシタン博物館蔵）

27：ド・ロ版画「聖ヨセフと幼子イエス」（大浦天主堂キリシタン博物館蔵）

28：ド・ロ版画「聖ヨセフと幼子イエス」彩色付（大浦天主堂キリシタン博物館蔵）

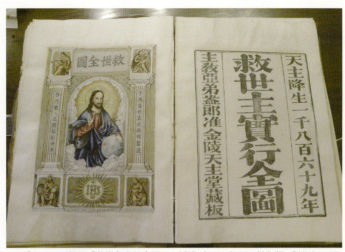

29:ヴァスール版画『救世主実行全図』の挿絵（1869年刊の着色版、製作年不明、徐家匯蔵書楼蔵）

30:彩色付、ヴァスール版画「地獄之苦」『救世主実行全図』（1869年刊の着色版、製作年不明、徐家匯蔵書楼蔵）

31:彩色付、ヴァスール版画「世界終尽降臨審判生死」『救世主実行全図』（1869年刊の着色版、製作年不明、徐家匯蔵書楼蔵）

32：ヴァスール版画「地獄之苦」（お告げのマリア修道会蔵）8枚1組の1枚

33：ヴァスール版画「世界終尽降臨審判生死」（お告げのマリア修道会蔵）8枚1組の1枚

34：ヴァスール版画「煉罪之所善功可贖」（お告げのマリア修道会蔵）8枚1組の1枚

35：ヴァスール版画「善終」（お告げのマリア修道会蔵）1枚刷大判

2 在華宣教師の絵画の影響

　ヴァスールは、『中国雑録』収載の第2の書簡（江南代牧区主教ヴァレンティン・ガルニエ宛）の中で、中国歴史上の宣教師の絵画制作を紹介している。元代、カトリック教区を初めて設立したフランシスコ修道会のモンテコルヴィノ（Giovanni Montecorvino, 1247-1328）が北京で教会を作り、聖書物語を絵に描かせたため、その絵画宣教が当時の教皇に褒められたこと、明代、イエズス会の巡察使ヴァリニャーノ（漢字名：范礼安、Alessandro Valignano, 1539-1606）が絵画工房を作らせ、多くの現地人を雇用したこと、

図1　『中国雑録』11頁、左はアレニ本の挿絵

ブランカティ神父（漢字名：潘国光、François Brancati, 1606-71）も絵画工房を作り、現地画家に絵を描かせ、江南の宣教に役立てたこと、またある宣教師は現地画家の力を借りることによって、彼の教会を永続させていたこと、それから、杭州の美しい教会の中でもっとも人を惹きつけたのは現地画家の制作した聖画だったということなどを書いている。つまり、ヴァスールは先達にならい、絵画に現地文化を取り入れようとした自分の方法を説明しているのである。

　ちなみに、明・清代の宣教師たちがどのように絵画をヨーロッパから中国へ持ち込み、中国の民衆と官吏と皇帝を惹きつけ、現地の画家を訓練して、中国文化を宗教画に溶け込ませたのかについては、デリアの「中国キリスト教美術の起源（1583-1640）」が概観している。

　ヴァスールは同じ書簡で、イエズス会士ナダール（1507-80）著の『福音書物語図解』（1593年）が出版されて間もなく、宣教師がその中の50枚を、北京の影師に木版に彫らせてから、アレニの本 *Vie de Jésus-Christ*（天主降生出像経解）に収録されたことに触れ、この書簡の11頁にもアレニ本の版画3枚を

飾っている[15]（図1）。ヴァスールが『福音書物語図解』とアレニの『天主降生出像経解』（1637年）を念頭に置いて創作していたことがわかる。

ナダールの『福音書物語図解』（*Evangelicae Historiae Imagines*、1595年再版の時、新しい題名 *Adnotationes et Meditationes in Evangelia*「福音書についての注解と瞑想」となる）には合計153枚の銅版画が掲載されている[16]。その数々の絵は、聖書の学習と黙想のために提供されている。

この本が1593年にアントワープで出版されてから、中国在住宣教師ロンゴバルディ（漢字名：龍華民、Niccolo Longobardi, 1559-165）は本書を中国へ送付してくれるように、1598年10月18日にイエズス会総長アクアヴィーヴァ宛に手紙を書いた。その中で「新しいキリスト教徒たちの心を慰め、手助けをするには、本が必要なのと同じように絵画も必要です。ですから、そちらの方々がお持ちの同じ敬虔さと熱意を信じて、絵筆で描かれたものでも印刷されたものでも、とにかく幾枚かの絵をわたしたちにお送りいただき、そのことでこちらの住人たちの回心にご協力くださることを懇願するのです。とくに救世主の絵と聖母の絵があればこの方針にいちばんふさわしいでしょう。（略）とりわけナダール神父がキリストの生涯の玄義と考察をもとに製作したあの本が一揃いあれば、とくに慰めとなり、また利益ともなりましょう」と書いている[17]。この手紙は、宣教師がいかに絵画宣教を重視し、『福音書物語図解』を手本として利用しようとしていたのかを示している。

1605年にこの本が南京に到着してから、マテオ・リッチ（漢字名：利瑪竇、Matteo Ricci, 1552-1610）は早速、北京教区のために購入の注文を出した[18]。そして北京ではいち早くその中の絵を木版で制作させた。その木版画を収載したのがジュリオ・アレニ（漢字名：艾儒略、Giulio Aleni, 1582-1649）の『天主降生出像経解』（1637年、晋江景教堂刊行、25cm × 16cm）である[19]。原書の銅版画の約三分の一が木版画58枚に作り直され、福建の晋江で刊行されたアレニの本に掲載され、明末期に流行した版画の組絵「連環画」の形式をとり、原画集を中国風に再現したものである[20]。

アレニより十数年前にすでに『福音書物語図解』を模倣した人がいた。イエズス会ローチャ神父（漢字名：羅儒望、João da Rocha, 1565-1623）著の『誦念珠規程』（1620年ごろ）に掲載された木版画の絵師であった。デリアの考察によれば、「それらの絵図が現地のキリスト教美術史にとって最高の価値となって

第2章　ド・ロ版画のルーツ：コンスタンツから上海〜長崎へ

図2　『福音書物語図解』74番絵「金持ちとラザロの死」

図3　アレニ『天主降生出像経解』の「貧善富悪死後殊報」

いるのは、装飾が中国的雰囲気に調和しているからだけでなく、中国人でない人物までが中国風の顔つきと衣服で表現されているからである。西洋の主題を極東の芸術形式に適応させようとするこうした意図は、1600年代の第一四半世紀以来、中国イエズス会宣教師たちによって実行に移されてきたものだ」と考えられている。[21]

　イエズス会のヴァスールにとっては同修道会にこのような先駆者がいたので、彼が絵画に中国的要素を取り入れようとしたことは当然であり、250年前に始まった現地化の継承といえよう。

　『福音書物語図解』の各絵の縁の上方にあるローマ数字は、教会暦日付を示す。右上のアラビア数字はキリストの人生を描く画像の順序を意味する。アラビア数字の下にあるローマ数字は、新約聖書の朗読順序を示す。画像にある数々のアルファベットは、下の解説を表記するアルファベットを指す。まず

『福音書物語図解』の74番の絵「金持ちとラザロの死」(図2) とアレニの『天主降生出像経解』の模倣絵 (図3) を見比べよう。

この絵は「ルカによる福音書」(16章) の中でイエスの語った寓話を画像化したものである。すなわち、

　　ある金持ちがいた。いつも紫の衣や柔らかい麻布を着て、毎日ぜいたくに遊び暮らしていた。この金持ちの門前に、ラザロというできものだらけの貧しい人が横たわり、その食卓から落ちる物で腹を満たしたいものだと思っていた。犬もやって来ては、そのできものをなめた。やがて、この貧しい人は死んで、天使たちによって宴席にいるアブラハムのすぐそばに連れて行かれた。金持ちも死んで葬られた。そして、金持ちは陰府でさいなまれながら目を上げると、宴席でアブラハムとそのすぐそばにいるラザロとが、はるかかなたに見えた。そこで、大声で言った。『父アブラハムよ、わたしを憐れんでください。ラザロをよこして、指先を水に浸し、わたしの舌を冷やさせてください。わたしはこの炎の中でもだえ苦しんでいます。』

　　しかし、アブラハムは言った。『子よ、思い出してみるがよい。お前は生きている間に良いものをもらっていたが、ラザロは反対に悪いものをもらっていた。今は、ここで彼は慰められ、お前はもだえ苦しむのだ。そればかりか、わたしたちとお前たちの間には大きな淵があって、ここからお前たちの方へ渡ろうとしてもできないし、そこからわたしたちの方に越えて来ることもできない。』

『福音書物語図解』の絵の下に付してある解説では、A：金持ちは天国の食卓から拒絶され、悪魔によって地獄へ運ばれていく。B：妻や家族。C：盗人は家財道具を運び出す。D：人夫は墓を掘り、その下に灼熱地獄がある。E：死んだラザロを迎える光の中の天使たち。裕福な家のベッドの上に最期を迎える金持ちとまわりの人々の絶望的な表情、かつてラザロのできものを舐めた犬、光に満ちた天国へ運ばれていくラザロなどが描かれている。

アレニ本の木版画は原画を忠実に模倣しているが、唯一中国的イメージが描かれているのは、男の体を覆っている毛布の模様だといわれる[22]。内田慶市はこ

の木版画集は模倣にとどまらず、すでに中国的要素を取りいれているとして、原画と比較して、『天主降生出像経解』『誦念珠規程』『進呈書蔵』に収められた「聖像画」の中国化を指摘し、「このような、言語における中国への同化と同様のことが、絵画や彫刻においても確かに存在したのである」と論じている。[23]

このアレニ本はヨーロッパにも輸出されている。フランス西北ノルマンディ州首府のルーアン市の市民図書館に収蔵されていることが最近わかっている。[24]

ちなみに、原画をさらに忠実に模倣しようとしたのは1887年刊行の『道原精萃』（上海慈母堂）であり、[25]ローチャ、アレニの本より350年ほど遅れている。

ナダール本を部分的に参照したヴァスールの絵は「悪終」である（前章の図28）。「悪終」には、原画にあるラザロの話は出ていない。むしろ、悪人の終末を「普遍的に」描いている。左の説明文は「四字経」の体裁で、悪人の最期の恐怖感を表している。説明文の題目は「悪死永殃」（悪人の死後の災いは永遠）で、右と左の縁にはそれぞれ「昔日は死後を聞きたがらない」「今、全て眼前に迫る」という文がある。真ん中の説明文を和訳すれば、こうなる。「悪人は死ぬ前、激苦に耐えられぬ。栄華富貴は一瞬に離れていく。天主の恩を裏切り、信仰を知らず、または信仰に冷淡になったためだ。死期が到来し、悪魔が群をなし、暴虐凶残で悪人を翻弄する。天使は心を痛み、涙は泉のように流れる。天使のもつ点簿に善業功績が全然ない。天主は厳しく審判し、天使の剣が最も鋭利だ。審判の結果は鉄の如く、地獄行きは当然だ。永遠な苦痛を受け、誰もこれを不当とはせぬ。永久に悪魔の奴隷になり、尽きる日なし」と。

絵では天主のとなりに立つ天使のもつ長い紙は真っ白で、悪魔のもつ帳簿も空白なので、善業功績が少しもないことを意味する。悪人は悪魔の鎖によって、地獄へ連れて行かれ、天国へ昇る望みはない、という絶望的な内容である。

原画の豪奢なベッドがなく、悪人は木製の長椅子兼ベッドの上に横たわり、中国人の風貌をして、中国服をまとっている。そして行くことを拒まれた天国の光が綺麗に描かれている。しかし、この挿絵の画像はあまり明晰ではない。むしろ『中国雑録』掲載の「悪終」（次章の図22）のほうがより鮮明で、はるかに精緻である。ド・ロ版画もこのようなバージョンを手本にしていたことは間違いない。

ヴァスールの「悪終」とド・ロの「悪人の最期」を比較してみると、ヴァスールの絵には犬がいないが、ド・ロ版画に悪人のベッドの近くには犬が寝そべ

っている。これは、ド・ロ版画の絵師がヴァスール絵だけではなく、1593年刊の原画あるいはアレニ『天主降生出像経解』(1637年) をも参考していたであろうことを示唆している。つまり、原画あるいはアレニの本が日本にも到来していたことになる。もちろん、『福音書物語図解』は16世紀だけではなく、19世紀のヨーロッパの宣教師にも知れ渡っていたものなので、宣教師が日本へ持ち込んでも不思議ではない。ちなみに、若桑みどりの著書『聖母像の到来』では、本書の来日に関する記録はないが、その到来を示す痕跡があると論証している。[26] 上海の徐家匯蔵書楼に『福音書物語図解』の1676年と1857年のバージョンが収蔵されている。それぞれの書名は *Tableavx sacrez de la vie* と *La vie de N.S. Jésus-Christ* である。

ド・ロ版画の「公審判」はヴァスールの絵とちがって、天使のもつ紙には「なんぢ　じゆうにして　われをとほざかりたる　ゆゑ　いま　われ　よりとほざかれ」という宣告が書かれている。悪魔のもつ帳簿はヴァスール絵と同じく白紙のままである。さらに、日本の神棚と仏壇と天狗像が飾ってあり、生前、キリスト教を信奉しない「罪」を暗示している。

前記のヴァスールが江南代牧区主教ヴァレンティン・ガルニエに宛てた第2書簡に長い補足文が付け加えられ、フランス・ブルターニュ地方において視覚性に富む絵画の利用で、宣教が大いに成功したこと、北米やインド地域でも同じことを実践している実例を出して褒め讃えている。特にカナダのある宣教師が聖書の内容をよくまとめた色彩付大判の絵を作らせたため、幼児洗礼のカトリック信徒よりも新しく信徒になった人の方が聖書の話をよりよく理解できたと書いている。[27] ブルターニュ地方の絵画宣教とド・ロ版画との関係については原聖の数々の論文が検討しているため、[28] ここで贅言しない。

ブルターニュの絵画宣教は多くの宣教師によって実践され、中国でもよく利用されていたようである。たとえば、イエズス会士シャヴァニャック（漢字名：沙守真、Emeric de Chavagnac, ?-1717) の回想録によれば、ブルターニュ地方で行われた絵解きの方法をもって中国人に教理を教えようとしたことがある。[29] このことはヴァスールもよく把握していたはずである。

ここで注目したいのは、ヴァスールが意図的に継承し、発展させようとしたものにいくつかの源泉があることである。すなわち、明代の宣教師が絵画工房を作り、現地画家の絵を用いていた努力、『福音書物語図解』の画像の視覚的

第2章　ド・ロ版画のルーツ：コンスタンツから上海〜長崎へ

効果、それを模倣したアレニ本の中国的内容、そしてブルターニュ地方に発する絵画宣教の世界的成功例である。言い換えれば、ド・ロ版画は、ヴァスールの絵を手本にしたため、さまざまな源泉をもつヴァスール絵にさらに日本的要素を添えることになったのである。

ド・ロ版画5点の内容は「四終」（死、審判、地獄、天国）を表現している。いずれも現世の言動によって、死後の運命が決まるということを教えるための画像である。ド・ロ版画の「地獄」（口絵2、9）と「人類の復活と公審判」（口絵3、10）には、地獄と、地獄に部分的に近い煉獄の様子が写実的に描かれている。一方、「善人の最期」（口絵5、12）と「煉獄の霊魂の救い」（口絵4、11）は、イエスの十字上の死によって罪を償われた人びとはまもなく煉獄を脱出して天国へ昇る、という希望に満ちた内容である。

ヴァスール絵「審判」（口絵33）は『福音書物語図解』の98番だけではなく、アレニの『天主降生出像経解』（1637年）と、3年後刊行されたシャール（漢字名：湯若望, Johann Adam Schall von Bell, 1592-1666）の『進呈書像』（1640年）[30]をも参考にしているのではないかと思われる。下に並べた三つの画像を見れば、『進呈書像』の人物はもっと中国的風貌を帯びており、原画からより離れていることがわかる。

ヴァスール絵「審判」の題名「世界終尽降臨審判生死」は、アレニの『天主

図4　ナダール『福音書物語図解』(1573年)

図5　アレニ『天主降生出像経解』(1637年)

図6　シャール『進呈書像』(1640年)

降生出像経解』の挿絵題名「世界終尽降臨審判生死」をそのまま踏襲している。他方、シャールの『進呈書像』の挿絵題名は「天主耶蘇口示公審判像」である。

ヴァスールの「審判」には中国的風貌がもっとも現れている。そして、漢文を画面に書き込んで、イエスがいかに悪人を裁いているかを示している。悪人の罪を漢字で「重罪多悪」「貪他人財物」と記し、イエスのとなりの天使が持っている帳簿には「萬民善悪、一一顕露」と書いてある。

これを手本としたド・ロ版画の「人類の復活と公審判」は、天使のもつ帳面は白紙であるが、悪魔が悪人に見せつけている罪名は「くらゐハ　いま　なんの　江きぞ」「たからハ　いま　なんの　江きぞ」「おのれの　あにまを　たすくる　事を　志らず」とおもに平仮名で記入している。地位と財産のみを追求し、霊魂の救いを顧みないことを「罪」としていることは、非常にわかりやすい。

ヴァスールが原画のイメージを豊かに膨らませて、中国の人物と服装を導入することによって、絵の内容は異国のことではなく、中国のことだと示すことになる。同じようにド・ロ版画でも日本人を登場させ、日常生活の身近にあるものを表現している。

3　善き死への希望

カトリック信仰の大きな要は、4世紀に定められた「信仰告白」(「ニケア・コンスタンチノープル信条」)の最後の一文「死者の復活と来世の命を待ち望む」ところにある。ヴァスール絵もド・ロ版画もこの信仰を徹底させるために、「四終」の画像に力を入れたのはいうまでもない。

ヨーロッパでは、キリスト教の信念に基づいて、死を描く美術は長い歴史をもっている。ホイジンガの『中世の秋』によれば、

> 断末魔の苦しみという概念は、人間の「四大終事」の筆頭に挙げられていた。「四大終事」とは、死、最後の審判、地獄、天国で、この四つを絶えず思うのが人間に有益だとされた。(略)この四大終事の主題と密接な関連をもつのが、一五世紀に製作された「死亡術（アルス・モリエーンディー）」だ。これはちょうど死の舞踏と同様に印刷物や木版画によって、それまでのどんな敬虔な思

第2章　ド・ロ版画のルーツ：コンスタンツから上海〜長崎へ

想よりも広く流布して影響を与えた。その中には、悪魔が臨終の人間にたくらむ五つの誘惑が取り上げられていた。すなわち、信仰への疑惑、罪に対する絶望、この世の財貨への執着、自己の受難についての絶望、そして最後に自己の徳性によせる自負、がそれだ。その場合常に天使が現れて彼を慰め、悪魔の陥穴に落ちないようにと守ってくれる。一方、断末魔の苦しみの記述自体は宗教文学の古い題材で、すでに何回となく繰り返されている手本を真似ていることは誰の目にも明らかだ。▶31

つまり、死への恐怖、その恐怖を柔らげることを渇望していた中世のヨーロッパ人には、『死亡術』という本が提供されたのである。以上の引用を読むと、臨終者と悪魔と天使とのかかわりが、あらためてヴァスール絵とド・ロ版画で繰り返されていることがわかる。

いわゆる『死亡術』という本は、和訳では「往生術」あるいは「往生の術」とされて日本でもよく知られている。アリエスは、この『往生術』（*Ars moriendi*）の木版画を「信仰の中での死への信心深い準備の提要」と見ている。その中の「病床に横臥している者は、自分が臨終の時にきているといった表情は見せていない」として、15世紀の版画が一般に取り上げるのは瀕死の人間ではなく、むしろ「目に見えぬもの、地面の下で行われ、多くの場合生者には隠されていること」だと論じている。▶32

シャルチェの『読者と読書』は『往生術』の流布と社会的効果について詳しく研究、論述している。それをまとめると次のようになる。歴史的に心性、宗教感情、美術、書物を研究する人の多くは『往生術』に興味をもつ。これには長いテキストと短いテキストの2種の異本がある。シスター・オコナーの説によれば、この本は南ドイツで作成されて、作者はおそらくコンスタンツの小修道院のドミニコ修道会士だろうという。大英図書館の目録には、この本の写本が234点あり、その内訳はラテン語（126点）、ドイツ語（75点）、英語（11点）、フランス語（10点）、イタリア語（9点）、プロヴァンス語（1点）、カタロニア語（1点）、言語不明（1点）である。

写本数を考えれば、中世では、聖書、『キリストのまねび』、そして『往生術』という順で広く読まれていたことがわかる。それほど読まれたのは、短いテキストの挿絵として使われた11枚の版画が強烈な印象を与えたからだろう

73

とされる。これらの版画は不信仰、絶望、短気、虚栄、貪欲という五つの誘惑と、それを退ける天使の五つの助言、さらに良き死に至る図像からなる。これは木版本のベストセラーだった。キリストにより、進んで死を受け容れる者は天国で表彰され、すべての罪を悔いずに死ぬ者は煉獄へ、死を思わずに罪深い人生を送った者は悪魔の許へ連れていかれるということを明快に図像で示した。これらの木版画は当時、大衆教化の主要な武器であった。16世紀中葉まで隆盛だった、臨終を中心とするこの一連の絵の組み合わせは、「一大共通表象群」を形成した。これを通して、平信徒は良き死のための心の準備を理解できた、という。[33]

アメリカ議会図書館デジタルアーカイブの『往生術』はドイツ語の本で、1475年（?）ドイツで刊行されたと推定されている。[34] 絵は木版画の手彩色である。以下に11枚を並べてみると、悪魔と天使が五つの罪（不信仰、絶望、短気、虚栄、貪欲）をめぐって臨終者を奪い合っていることがわかる。

小池寿子は『往生術』を、西洋版『往生要集』（源信著、10世紀末）として、美徳と悪徳の戦いが個人の内面で結実したものと見ている。[35] そして、これらの絵を丁寧に解説している。

1番めの絵（図7）では、悪魔が信仰心を揺るがし、敷布をもって、父なる神、キリスト、聖母を隠してしまう。臨終者は異教徒に心を惹かれる。

2番めの絵（図8）では、天使が舞い降りて、信仰を堅固にし、族長、使徒、殉教者の篤い信仰を思えよ、すべては信仰あって存在する、と語り、悪魔は床に平伏する。画面にはキリストをはじめ、多くの聖人が応援に集う。

3番めの絵（図9）では悪魔が臨終者の数々の罪状を数え上げ、絶望の心を促す。

4番めの絵（図10）では、天使が来て、イエスを三度拒んだ聖ペトロ、罪の女聖マグダラのマリア、イエスの声を聞いて回心した聖パウロなどが登場し、悔い改めを勧め、「希望は人生の基本で、天へと導いてくれる」という。

5番め（図11）の絵では、病気による短気を起こして、テーブルをひっくり返す。

6番め（図12）の絵では天使が現れ、殉教者たちの忍耐を思い出させて、だれでも死に至るまでの苦しみに耐え抜けば至福を得られると諭す。

第2章　ド・ロ版画のルーツ：コンスタンツから上海〜長崎へ

　7番め（図13）の絵では、悪魔は王冠などを持ってきて、臨終者の虚栄心を喚起する。
　8番め（図14）の絵では、3人の天使が来て、傲慢の罪で投げ込まれた人々が呻吟する怪獣レヴィアタン（レヴァイアサン）の口を示し、謙虚と純粋さを

図7　『往生術』1番め（不信仰）

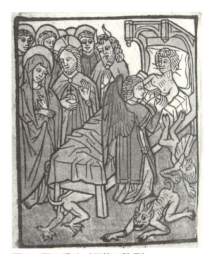

図8　同2番め（天使の助言）

図9　同3番め（絶望）

図10　同4番め（天使の助言）

75

もたねば天国へ行けないことを教える。

9番め（図15）の絵では、悪魔が地上の財産と家族の絆を見せて、地上のものに対する愛と所有欲を引き起こそうとする。

10番め（図16）の絵では、天使は十字架上に死んだイエスを指して、貪欲

図11　同5番め（短気）

図12　同6番め（天使の助言）

図13　同7番め（虚栄）

図14　同8番め（天使の助言）

第2章　ド・ロ版画のルーツ：コンスタンツから上海〜長崎へ

に囚われれば、神から遠ざかることを教える。

　11番め（図17）の絵では、死に際の苦悩と煩悶に喘ぎ、生死を彷徨いながらも、今は安らかに死の床につく。司祭は、死者の魂が冥界に迷わぬよう手に大蝋燭を握らせる。死の床の上方に聖人の群れがあり、死者の口から吐き出さ

図15　同9番め（貪欲）

図16　同10番め（天使の助言）

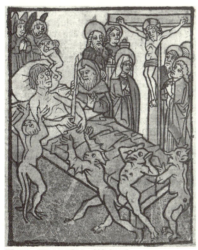

図17　同11番め（善き死）

れた赤子の姿をした魂は、天使の手に取り上げられる[36]。

こう見てくると、ヴァスール絵の「善終」と「悪終」の原型が『往生術』であることは明らかである。ただ、『往生術』と異なるのは、ヴァスールの絵では、悪魔と天使との争奪戦がなく、悪人は当然、悪魔に地獄へ連れていかれ、善人はおのずと天使とともに天国へいく、という明快な構図である。原聖も『往生術』をド・ロ版画の原点としている[37]。

総合して見れば、ド・ロ版画のルーツはおおよそ次のように遡ることができると思う。

> 『往生術』（1475?）⇒『福音書物語図解』（1593）⇒ アレニ『天主降生出像経解』（1637）⇒ シャール『進呈書像』（1640）⇒ ヴァスール『救世主実行全図』『聖教聖像全図』『教要六端全図』（1869）⇒ ド・ロ版画（1870年代）

4 ド・ロ版画の日本流布

ド・ロ版画は手本のヴァスール絵と同じように、公教要理の教育と家庭・教会の宣教に使用されていたようである。

長崎大教区の野下千年神父（1937年生）によれば、五島地域では、伝道婦がド・ロ版画の軸を丸めて携帯して、毎月島を歩き回り、子供たちをあつめて、キリスト教の教義を教えていた、という。また教会の主な祝祭日には、祭壇の両側に版画を掲げて飾ったことがある。しかも両側の版画を相互に交替して飾り直すこともあった（本書のコラム2）。

ド・ロ版画は、九州地方以外でも使用されていたようである。たとえば、同じパリ外国宣教会の宣教師A・ヴィリオン神父も阪神地方でこれを持ち歩いていたようである。「縦五尺、横三尺ほどの大きな本」を使い、その左頁にはキリストの生涯の場面を表わした挿絵があり、右頁には日本語の解説が筆で書かれていたことが記録されている[38]。ここでは「本」と書いてあるが、サイズとしては前記の永見徳太郎の測量した「横約二尺八分、縦約四尺二寸一分」[39]とい

われるド・ロ版画（80cm × 121cm）に近く、内容的にはヴァスール作で、「お告げのマリア修道会」収蔵の数枚の「公教要理」絵画（約 67cm × 約 135cm）と似ている。

　ヴァスール絵もド・ロ版画も持ち歩きと保存に便利なものであり、ヴィリオン神父は積極的に使用していたのだろう。明治期、パリ外国宣教会は、日本布教を主に担当していたので、北海道から鹿児島まで積極的に宣教活動を行うとき、ヴァスール絵とド・ロ版画を頻繁に用いていたことは想像できる。

　現在、ド・ロ版画は名古屋のカトリック主税町教会でも飾られている。これは、明治初期のパリ外国宣教会の司祭ツルペン神父（1853-1933）が使用していたことを意味するかもしれない。2018 年 10 月 6 日に、私は主税町教会を訪ねてみた。幸いに管理担当の司祭がいて、ド・ロ版画は 1964 年ごろまで祭壇の両側に飾られ、祭壇の右側は「地獄」で、左側は「悪人の最期」だと教えてくれた。現在、この二点は聖堂近くの「信者会館」に収蔵され、毎年の「文化の日」にだけ一般公開されている。二点とも画面上の破損があるものの、額縁に入れられて、大切に保存されている。ツルペン神父は日本の東北地方、東海地方、山陰地方、東京を廻って宣教した経歴の長い人で、ド・ロ版画を持ち歩き、人々に見せていた可能性がある。▶40 また、原聖によれば、ド・ロ版画は 1960 年代まで長崎県で使用されていた、という。▶41

　ヨーロッパから中国を経て、日本へ渡った 500 年のルーツをもつド・ロ版画はこのように日本人の生活の中で息づき、数百年の東西の思想、宗教、文化の交流を表象している。これらの版画の制作を主導したド・ロ神父は、最近世界文化遺産として登録された数々の建築物とともに、このような精神的な宝物を日本に遺してくれているのである。

§ 注

▶ 1　原聖「キリスト教絵解き宣教師たちを追って」『ふらんぼー』22 号、1995 年、103 頁 ; 李丹丹「清末耶蘇会士芸術家范世熙：発軔於土山湾孤児院的天主教図像集研究」（中国美術学院博士学位論文、2015 年 5 月に中国美術学院に提出）、9-10 頁 ; Les Missionnaries, La Compagnie de Jésus en Chine: le Kiang-Nan en 1869, Paris: E. De Soye, Imprimeur-éditeur, 1869, p. 310; J. De La Servière, Histoire De La Mission Du Kiang=Nan, tome II, Shanghai: Zi-ka-wei, pres` Chang-hai, Impr. de l'Orphelinat de Tóu-sè-wè, 1914, pp. 268, 279, 304, 306.

▶ 2　Ecclesiastical, "Statistic of the Catholic Mission in The Province of Kiangnan, Made in July, 1858", The North-China Herald, No. 438, December 8, 1858, p, 78.

▶ 3　張偉「土山湾画館初探」黄樹林編『重拾土山湾砕片』下、上海錦繡文章出版社、2013 年、253-254 頁。

▶ 4　Felix Wilfred, ed. The Oxford Handbook of Christianity in Asia, New York: Oxford University Press, 2014, pp. 463-464.

▶ 5　"Les Archives de la Province de France" に基づく。前掲、李丹丹「清末耶蘇会士芸術家范世熙：発軔於土山湾孤児院的天主教図像集研究」10 頁。

▶ 6　P. Vasseur, S. J. Mélanges sur la Chine, Premier volume, Lettres illustrées, sur une Ecole Chinoise de Saint-Luc, auxiliaire, De la propagation de la foi, Paris: Société Générale de la Librairie Catholique, Palmé, Editeur, 1884. 書名の意味は「中国雑録、第 1 巻、絵入書簡集、信仰宣伝を補助する中国聖ルカ学校について」。

▶ 7　前掲、P. Vasseur, S. J. Mélanges sur la Chine, p. 32.

▶ 8　Les Missions Catholiques, No. 413, 4 Mai 1877, pp. 216-217.

▶ 9　Les Missions Catholiques, No. 457, 8 Mars 1878, p. 117.

▶ 10　前掲、原聖「キリスト教絵解き宣教師たちを追って」103 頁。

▶ 11　Les Missions Catholiques , No. 699, 1882 年 10 月 27 日 , pp. 514- 515.

▶ 12　前掲、李丹丹「清末耶蘇会士芸術家范世熙：発軔於土山湾孤児院的天主教図像集研究」（67 頁）は、この報道期間を「1877 年から 1883 年まで」の 9 年間のみとしている。本章の『中国雑録』の解読は、李論文に負うところが極めて大きい。

▶ 13　前掲、P. Vasseur, S. J. Mélanges sur la Chine, pp. 9-10.

▶ 14　Pasquale M. D'Elia, Le origini dell'arte cristiana cinese(1583-1640), Roma: Reale Accademia d'Italia, 1939. 和訳は、パスクワーレ・M・デリア「中国キリスト教美術の起源（1583-1640）」内田慶一・柏木治編訳『東西文化の翻訳：「聖画像」における中国同化のみちすじ』関西大学出版部、2012 年。

- 15 前掲、P. Vasseur, S. J. *Mélanges sur la Chine*, p. 11.
- 16 *Evangelicae historiae imagines: ex ordine euangeliorum, quae toto anno in missae sacrificio recitantur, in ordinem temporis vitae Christi digestae,* Antuerpiae, 1593. 中国での受容については、Lorry Swerts, Koen De Ridder, *Mon Van Genechten (1903-1974): Flemish Missionary and Chinese Painter, Inculturation of Christian Art in China,* Leuven University Press, 2002, pp. 18-19.

  のちに中国の『道原精萃』(1888年) は『福音書物語図解』を忠実に模倣している。呉洪亮「従『道原精萃』到『古史像解』」(『文芸研究』1997年2期)による。
- 17 前掲、Pasquale M. D'Elia, *Le origini dell'arte cristiana cinese(1583-1640),* p. 80, 和訳パスクワーレ・M. デリア「中国キリスト教美術の起源 (1583-1640)」99頁。
- 18 前掲、呉洪亮「従『道原精萃』到『古史像解』」144頁。
- 19 M. Henri Cordier, *L'Imprimerie Sino-Européenne en Chine: Bibliographie des Ouvrages Publiés en Chine par les Européens,* Paris: Imprimerie Nationale, 1901; rpt. Tenri Central Library, Yushodo Boooksellers Ltd. 1977, pp. 1-2.
- 20 何俊・羅群「『出像経解』与晩明天主教的伝播特徴」『現代哲学』2008年第4期、86-93頁；伊藤信博「フランス国立図書館所蔵の宣教師による西書漢訳著書について」『多元文化』11号、2011年3月、202-203頁；伊藤信博「フランス国立図書館所蔵のイエズス宣教師による西洋科学漢訳書について」『多元文化』13号、2013年3月、129-131頁。
- 21 前掲、パスクワーレ・M・デリア「中国キリスト教美術の起源 (1583-1640)」94頁。
- 22 Albert Chan, *Chinese Books and Documents in the Jesuit Archives in Rome,* New York, London: M. E. Sharpe, 2002, p. 112.
- 23 内田慶市『近代における東西言語文化接触の研究』関西大学出版部、2001年、158-159頁。
- 24 たとえば、国文学研究資料館文献資料部編『調査研究報告』22号、2001年、379頁に、次の叙述がある。「ルーアン市民図書館（ルーアン） 注目すべきは御装革表紙『天主降生像経解』（明崇禎十年（一六三七）艾儒畧（ジュリオ・アレニ）序という中国キリシタン版一冊が混入していたことで、日本キリシタン版よりは時代が遅れるが、同じイエズス会の出版活動である点、興味を引く」と書いてある。
- 25 前掲、Lorry Swerts, Koen De Ridder, *Mon Van Genechten (1903-1974): Flemish Missionary and Chinese Painter, Inculturation of Christian Art in China,* pp. 18-19.
- 26 若桑みどり『聖母像の到来』第6章、青土社、2008年。
- 27 前掲、P. Vasseur, S. J. *Mélanges sur la Chine,* pp. 15-16.
- 28 ブルターニュの絵解き伝統については原聖の諸論文に詳しい。前章、ド・ロ版画に関する先行研究一覧表を参照。

▶ 29　矢沢利彦編訳『イエズス会士中国書簡集六、信仰編』平凡社、1974 年、29-32 頁。
▶ 30　前掲、M. Henri Cordier, *L'Imprimerie Sino-Européenne en Chine: Bibliographie des Ouvrages Publiés en Chine par les Européens*, p. 47.
▶ 31　ヨハン・ホイジンガ著、兼岩正夫・里見元一郎訳『ホイジンガ選集 6　中世の秋』河出書房新社、1989 年、284 頁。
▶ 32　フィリップ・アリエス著、伊藤晃・成瀬駒男訳『死と歴史：西欧中世から現代へ』みすず書房、1983 年初版、1987 年 6 刷、121-122 頁。
▶ 33　ロジェ・シャルチェ著、長谷川輝夫・宮下志朗訳『読書と読者』みすず書房、1994 年、141-165 頁。
▶ 34　*Ars moriendi*, Germany, 1475?,
▶ 35　小池寿子『死を見つめる美術史』筑摩書房、2006 年、121-123 頁。
▶ 36　小池寿子『マカーブル逍遥』青弓社、1995 年、48-58 頁。
▶ 37　原聖「ドロ神父の絵解き」『女子美術大学紀要』26 号、1996 年、81 頁。
▶ 38　池田敏雄『ビリオン神父：慶応・明治・大正・昭和史を背景に』中央出版社、1965 年、257 頁。
▶ 39　永見徳太郎「長崎版画切支丹絵の報告」『浮世絵界』3 巻 3 号、1938 年 3 月、12 頁。
▶ 40　陰山棻編『ツルペン神父の生涯とその思い出』中央出版社、1963 年、27、129、144 頁。
▶ 41　原聖「近世キリスト教と唱導」『国文学解釈と鑑賞』2007 年 10 月号、89 頁。

第3章 ヴァスール原画とド・ロ版画との比較

鄭 巨欣

大江天主堂（熊本県天草）入り口に近い天井部にあるド・ロ版画の一連　筆者撮影

　絵画は口承と文字伝播の制限を超えて、イメージをもって視覚に訴え、宗教の実在性を感じさせることができ、展示・携帯・保存などの便利性を有している。

　1860年代、上海市西南部の徐家匯(じょかわい)にある、イエズス会が設立した土山湾孤児院において、孤児たちはカトリック神父と修道士の指導の下で、宣教用の画像制作に励んでいた。1869年はもっとも活発な時期を迎えていた。これは「聖ルカ学校事業」とも名付けられた。イエスの使徒12人のうちの聖ルカは、聖母マリアの肖像を描いたことがあると言われ、美術と芸術の守護聖人とされているため、土山湾孤児院の美術工房は「聖ルカ学校」とも称されている。

　この「聖ルカ学校事業」の推進者はフランス人のイエズス会士A・ヴァスール（漢字名：范世熙、字は俊卿、Adolphe Henri Vasseur, 1828-99）である。ヴァスール神父が1884年に刊行した『中国雑録』の表紙（図1）には、「聖ルカ

図1 『中国雑録』第1巻表紙　　図2 『中国雑録』挿絵

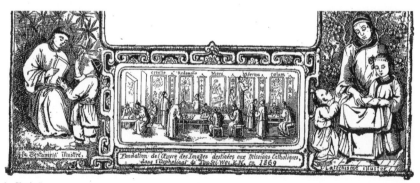

図3 『中国雑録』挿絵（下）

中国学校作成の絵入書簡集」と記されている。本書の挿絵（図2）の上部にA.M.D.G（ラテン語 Ad Maiorem Dei Gloriam「主の栄光へ」）とあり、中央の題名は「尊敬なる枢機卿シメオニへ、聖なる宣教画制作の作者から敬意を表す」という意味である。これはシメオニへの返信のためにヴァスール自身が制作したタイトルページである。題名周囲の図柄は、中国服の人物、竹林、シュロの木、梅の花などで中国的情緒を漂わせている。下部には、中国家具によく見られる伝統的飾りを枠として、土山湾孤児院美術工房の様子がはめ込まれ、「1869年、各地天主教宣教区の画像事業、江南代牧区に創設された土山湾孤児院」という説明文が付してある（図3）。この美術工房の絵は木版によって世界中に流布されていた。ヴァスールはこの挿絵の図柄を気に入ったようで、他の本のタイトルページにも繰り返し利用している。

　本章では、ヴァスールの原画とそれを継承したド・ロ版画とを比較し、両者がそれぞれどのように中国文化と日本文化を取り入れているのかを分析する。

1　ヴァスールの先駆者：中国でのキリスト教図像の印刷

　ヴァスールは中国の伝統版画の影響を受けた人物である。『中国雑録』（第1巻）で、明・清代の在華宣教師の図像制作と現地図像の収集について書いている[1]。実際、キリスト教の図像伝播は7世紀前半にまで遡ることができる。当時、ネストリウス派（景教）のアロペン（阿羅本、Alopen）が聖書関係の図像を長安に持ち込んだことが記録されている[2]。

　ヴァスールの絵ともっとも関係のあるものは、万暦年間（1573-1620）に製墨家である程大約が編纂した『程氏墨苑』に収録された木版画4枚である。すなわち、「信而歩海」（信じて海を歩む）（図4）、「二徒聞実」（二使徒事実を聞く）（図5）、「婬色穢気」（淫乱）（図6）、「天主図」（聖母子）（図7）である。4枚ともマテオ・リッチが程大約に贈ったヨーロッパの銅版画を手本にしたもので、しかもリッチの漢字と表音記号のローマ字の題字も付してある。

　最初の3枚は『程氏墨苑』が1605年に刊行されたときに掲載されていたが、4枚めは06年に追加されたもので[3]、日本で1597年に制作された銅版画を手本としたことも判明している[4]。

　4枚とも聖書の物語に基づいたものであり、それぞれの題字をみれば、原画

図4 『程氏墨苑』「信而歩海」(信じて海を歩む)

図5 同「二徒聞実」(二使徒事実を聞く)

図6 同「媱色穢気」(淫乱)

図7 同「天主図」(聖母子)

の絵師がわかる。1枚めは『マタイによる福音』第14章の図解で、聖ペトロが波上を歩いた時、疑いが生じて沈みかけたところを、キリストが手を伸ばしてその疑いをたしなめた場面であり、原画の絵師はド・フォス（Martinus de Vos, 1532-1602）で、銅版師はウィエリクス（Antonius Wierix, 1555-1604）。2枚めは『ルカによる福音』第24章の図解で、復活後のキリストが二人の弟子の間に入り、自分の復活についての会話を聞いた場面であり、原画の絵師と銅版師は1枚めのと同じである。3枚めは、旧約聖書の『創世記』第19章の「ソドムとゴモラの滅亡」で、絵師と銅版師はいずれもド・パッス（Crispijn van de Passe, 1565-1637）である。

4枚めは「日本のセミナリヨにおいて1597年」とある。これは、イエズス会宣教師が日本に持ち込んだ、スペインのセビリアの大聖堂の壁画「アンティグアの聖母」を模写した銅版画を手本として、有馬セミナリヨ（小神学校）の日本人学生が銅版画で模倣、制作したものである。これはまたイエズス会によって、中国へ持ち込まれ、リッチが程氏に送り、木版で忠実に模倣され、『程氏墨苑』に収載されることになったという。[5]この4枚めからはヨーロッパから日本、中国へ、という聖画伝播のルーツを感じとることができる。

これらの絵は、銅版画を手本として中国人絵師が描き、木版に彫り、印刷したものである。2枚めのように、雲や人物の輪郭は中国の線描という手法を採用し、原画の明暗を省略した部分もあるが、忠実な模倣といえよう。むろん、木版画と銅版画との視覚的効果の差異はある。

『程氏墨苑』は中国美術史において、初めて西洋絵画と中国絵画を一冊の本に集めたもので、西洋銅版画を中国木版画で描き直したことに、大きな意味がある。4枚の画題はいずれもローマ字で中国語の発音を表記し、最初の3枚はマテオ・リッチの題字で、漢語とローマ字発音を並記している。

リッチは『程氏墨苑』を通して聖書の話を中国の知識人に伝え、程氏は聖画の特殊性をもって絵画の新しい可能性を製墨業に紹介し、商業的な目的を達成しようとしたのである。これは中国における「聖ルカ学校事業」の始まりともいえよう。

『程氏墨苑』が刊行されて以降、在華イエズス会のローチャ（漢字名：羅儒望、João da Rocha, 1565-1623）の『天主聖教啓蒙』の付録『誦念珠規程』（南京、1620年ごろ）、アレニ（漢字名：艾儒略、Giulio Aleni, 1582-1649）の『天主降生出

像経解』(福州、1637年)、シャール(漢字名:湯若望、Johann Adam Schall von Bell, 1592-1666)の『進呈書像』(1640年)などの絵入り本が相次いで刊行されている。

ローチャの『誦念珠規程』の手本は、イエズス会士ナダール(Jerónimo Nadal, 1507-80)が、イエズス会の主要創立者イグナチオ・デ・ロヨラ(Ignacio de Loyola, 1491-1556)の『霊操』を図解した『福音書物語図解』(1593年)である。原書の絵師はイエズス会士のジョヴァンニ・フィアメリ、ベルナルディオ・パッセリ、マールテン・ド・フォスで、銅版師はウィエリクス兄弟、アドリアエン・コラエルト、カレル・ヴァン・マケリであった。原書は出版後、教皇クレメント8世に奉呈されたものであった。

『誦念珠規程』は金陵版画による戯曲挿絵の特色を持ち、線が簡略で、原画の明暗を省略し、中国式家屋や築山や芭蕉をもつ中国庭園を描き、室内の装飾

図8 『福音書物語図解』(1593年)「受胎告知」

図9 ローチャ『誦念珠規程』(1620年ごろ)「受胎告知」

や人物のイメージも中国化している。彫師は南京の人だろうし、絵師は董其昌（1555-1636）の門下といわれる。15 枚の挿絵はいずれもこの『福音書物語図解』を模倣したもので、キリストの生涯に重きを置いている。

　以下の 4 枚の「受胎告知」（図 8 〜 11）を見比べてみると、アレニ本が原画にもっとも近く（図 10）、シャール本（崇禎帝へ奉呈された）は原画から離れて、イメージが簡潔で、テーマ性が鮮明である（図 11）。原画に忠実なアレニ本でも、「聖母戴冠」（図 13）においては、中国の官吏や民衆を数多く登場させている。全体的にいえば、木版画という技法は、銅版画の原画にない中国的装飾と人物を際立たせている。

　中国絵画研究者クレイグ・クルナス（Craig Clunas）によれば、明代末期になると、絵画は文字と結合して共生するようになり、非識字の民衆専用だった絵入り本は知識階級へ浸透し、知識人の読書方式にもなったという。明末の在

図 10　アレニ『天主降生出像経解』(1637 年)「受胎告知」

図 11　シャール『進呈書像』（1640 年）「受胎告知」

図12 『福音書物語図解』「聖母戴冠」　　図13 アレニ『天主降生出像経解』「聖母戴冠」

　華宣教師の図像制作では、すでに絵画と文字が密接に結びついている。これは中国独特の現象ではなく、ヨーロッパでも『福音書物語図解』のような典型的な結合現象がすでに現れている。

　面白いのは、17世紀前期の明代におけるこの現象が、中国文化と西洋文化を結合させたことである。それは、絵画宣教の方式を生み出し、カトリック図像の新しい発展をも意味している。しかし、この発展は、17世紀中期から18世紀中期までの間、キリスト教現地化をめぐる「典礼問題」の大議論の影響と、中国当局のキリスト教に対する全面的禁止によって頓挫した。

　19世紀、二回のアヘン戦争を経て、大英帝国は南京条約（1842年）による開国を迫り、広州、福州、廈門（アモイ）、寧波（ニンポー）、上海を貿易港とした。キリスト教の宣教師は中国に戻ってきて、大規模な宣教活動を行うようになった。

　上海の徐家匯はカトリックの在華中心地となり、宣教規模が大きくなるにつ

れて、絵画宣教の現地化と多様化への要求も高まった。そのため、『福音書物語図解』の模倣にとどまらず、現地の絵師や彫師を起用し、養成するようになった。

　江南地域で絵画宣教にもっとも貢献したのはスペイン人イエズス会宣教師フェレル（漢字名：范廷佐、Joannes Ferrer, 1817-56）である。フェレルは上海の董家渡にまず個人のアトリエを構え、翌年徐家匯に移転して「芸術学校」を設立し、中国人学生を募集。自ら彫刻と版画を教え、イタリア人神父マッサ（漢字名：馬義谷、Nicolas Massa, 1815-76）が油絵を伝授した。そこで育った学生で伝道師でもある陸伯都は、西洋美術を伝承する貴重な人材となった。

　イエズス会が最初に董家渡に設立した孤児院は、1864年、徐家匯付近の土山湾に移設され、孤児たちはそこで木彫り工芸の訓練を受け、聖書関係の書籍の印刷を始めた。江南代牧区司教ランギア（漢字名：朗懐仁、Adrien Languillat, 1808-78）は、1867年にヴァチカンの聖ペトロと聖パウロの殉教1800年記念式典に参加したとき、教皇に土山湾の建設状況を報告して、明末のマテオ・リッチらによる上層階級を主対象とした宣教方針を、一般民衆を対象とする方針に変更したことを伝え、教皇からの賛意をえている[7]。

　これを契機に、ランギア司教は、マッサ、陸伯都、学生劉必振などを動員し、徐家匯の「芸術学校」を土山湾に移転することにした。その前後、ヴァスールは土山湾孤児院のために木版画の下絵を多く描き、大判の版画を作らせ、教会の装飾用として提供している[8]。

　土山湾孤児院は、1864年当時、342名の孤児を養育していた。そのうちの133名は各工房に配置され、88名は農作業に従事し、22名は園芸に勤しみ、109名は幼いため、小学校の教育を受けていた[9]。1869年になると、木彫り、印刷、絵画という三つの大工房が出来上がり、制作の規模が大きくなっている。そこで制作された図像、教会用装飾品、家具などは、江南地方の需要を満足させただけではなく、各地の教会に行き渡っていた[10]。

　コロンベル神父（漢字名：高龍磐、Augustinus M. Colombel, 1833-1905）の名著『江南伝教史』によれば、ランギア司教の任期中（1864-79年）、土山湾印書館は60種余りの漢文書籍を出版したが、200年前のアレニたちの著書の復刻も含まれている[11]。

2 ヴァスールの木版画

　イエズス会士 A・ヴァスールは 1828 年 9 月 7 日にフランスのエヴルー県 (Évreux) ボルネの出身で、神学、哲学、美術を学んだ。1865 年 10 月にマルセイユを出帆し、12 月 16 日上海に到着。上海滞在は 5 ヶ月におよび、土山湾と周辺のカトリック教会を見学している。彼の江南地方における宣教は 1871 年 5 月 27 日まで続いた。その後ヨーロッパへ戻り、さらにカナダのケベック州で短期間の宣教を行った。1899 年 3 月 22 日にパリで逝去した。

　ヴァスールは大量の作品を遺した人物で、彼の図画事業に関する伝記や雑誌記事などを見れば、19 世紀中期から末期までの間におけるもっとも優れた宣教図像作者、経営者、伝播者であったといえる。

　ヴァスールは中国にいた 6 年間、まず上海近辺の崇明、海門と蘇州の昆山で宣教し、徐家匯へ頻繁に通った。1870 年、彼は土山湾孤児院に赴任し、聴罪師を担当しながら、孤児院の管理と美術工房の教師をも兼任していた。[12]

　前記のコロンベル著『江南伝教史』はヴァスールの描いた「天地創造」「イエスの聖心」「聖母像」「守護天使像」「大天使ミカエル像」「十二使徒像」「公審判」「善終」「悪終」は大判の掛絵のほか、挿絵として学校用書籍『古史略』『新史略』『十五端玫瑰奥義』『七聖事』にも使用されたことを記述している。[13]

　後年、*Les Missions Catholiques* ではヴァスールの図画事業が紹介されている。すなわち、1868 年に上海滞在中のヴァスールは木版画を 150 種作らせ、そのうちの 40 種は高さ 1 メートルを超え、公教要理教育と教会装飾に使用された。他の作品は幅 10cm で、教理説明用冊子の挿絵として使われた。これらの図像は宣教師に利用され、新入生に寄贈され、家庭内の偶像の代わりに使用された。また、これらの絵の着色は土山湾孤児院の子供たちが担当した。中国、インド、日本、フィリピン、アメリカの宣教師から多くの注文が来たため、手作業では間に合わなくなり、彩色印刷（impression en chromo）を用いるようになった。今、ヴァスールはフランスに戻ってきても、この仕事を主導している。フランス、カナダ、アメリカからの献金によって、ヴァスールは彫刻用の絵画を新たに作成しているという。[14]――この紹介文は、ヴァスールの作品数、サイズ、用途を示すものであり、『中国雑録』のヴァスール自身の書簡とも一致し

ている。

　『中国雑録』は正式には「中国雑録、第1巻、絵入書簡集、信仰宣伝を補助する中国聖ルカ学校について」で、1884年、パリのオウテイユ（Auteuil）孤児院によって制作、印刷された。[15] フランス語の短い書簡2通と長い書簡6通からなり、203枚の挿絵がある。内容は雑多で、ヴァスールの下絵の木版画、他人の下絵の木版画、ヴァスールが指導した版画と収集した中国風俗信仰画が含まれる。儒教、道教、仏教、キリスト教をテーマとするもので、さまざまな装飾と模様があり、ヴァスールが土山湾で作らせた木版画の下絵はみなこの本に揃っている。

　ヴァスールは、中国の文様を特に好んだようで、本書の挿絵や縁飾りにふんだんに使っている。たとえば、氷紋と梅、蝙蝠と吉祥雲、植物や鳥類のスケッチは当時の中国ではかなり流行していた。氷紋と梅は、清の康熙帝時代の宋朝文様模倣の官窯では、氷紋を下地に梅を描くことから、春の到来を告げる意味であった。蝙蝠と吉祥雲は清代ではやり出したもので、その前は蝙蝠は、長寿桃、寿の字、箱、水甕とよく組み合わせられ、あるいは蝙蝠2羽や5羽の形式もあった。しかし、蝙蝠と吉祥雲との組み合わせは新しかった。ヴァスールはほかに八宝、八吉祥などの仏教的な文様も好んだらしく、「縁飾り模様」「装飾芸術」「文字飾り絵」と呼んでいた。それらは中国的装飾をもっとも代表しているからである。

　フランス国立図書館は、ド・ロ版画の手本となったヴァスールの木版画の絵入り書籍を6種収集している。すなわち、1869年に「金陵天主堂蔵板」により刊行した『救世主実行全図』（Chinois 3659）、『聖教聖像全図』（Chinois 3660）、『教要六端全図』（Chinois 3665）、『救世主預像全図』（DOX, W1743）、および同じく1869年刊の慈母堂蔵板『玫瑰経図像十五端』（Chinois 3661）、『諸聖宗徒行実聖像』（Chinois 3664）である。南京にある「金陵天主堂」はランギア司教の司教座の置かれた大聖堂である。だが、太平天国の戦乱により、南京が非常に破壊されたようで天主堂で印刷が行われた痕跡はない。これらの書籍がすべて慈母堂で刊行されたことは、1876年刊のカタログ『上海西門外土山湾慈母堂出售経書総目』によって確認できる。しかも挿絵の作者はヴァスールと明記されている。

　1869年は土山湾孤児院の図画事業の活発期である。「慈母堂」は上海徐家匯

の土山湾孤児院の中に作られたチャペルの名前である。これらの書籍出版を許可したのはランギアで、表紙には「亜第盎郎主教」と記されている。これは司教の名前 Adrien の音訳である。ランギアは、1844 年にまず香港に到着し、次いで 64 年から 78 年逝去するまでずっと江南代牧区の司教をつとめた。

以上の 6 種の書籍では、同じ挿絵を繰り返し利用していた。たとえば、『玫瑰経図像十五端』の 20 枚は、『救世主実行全図』の 18 枚と同じものである。『聖教聖像全図』にある、ド・ロ版画の手本となる「善終」「悪終」「煉罪之所善功可贖」「世界終尽降臨審判生死」「地獄之苦」はみな『中国雑録』に再度、掲載されている。

図 14 『救世主実行全図』金陵天主堂蔵板、1869 年

挿絵 1 枚につき解説 1 頁という伝統的な体裁を採用しているが、明末のようにヨーロッパの『福音書物語図解』を唯一の手本とはせず、中国の民間版画の形式と中国の風俗を取り入れて、独創性と新しい構図を打ち出している。

図 15 『聖教聖像全図』(1869 年)

『救世主実行全図』口絵の画題額は「救世全図」であり、四隅に四つの福音(マタイ、マルコ、ルカ、ヨハネ)を分布させ、IHS と三つの釘というイエズス会紋章の下に、「Imagines・Catholice・Nankineses」(南京のカトリック画像)と記載する(図 14)。『聖教聖像全

第3章 ヴァスール原画とド・ロ版画との比較

図』の表紙絵は『救世主実行全図』の口絵と同じで、画題額の文字が異なるだけである。左の口絵の下には「教子救霊父母厳分」という題名を付し、ほとんど中国化した人物と構図である（図15）。

ヴァスールの大判木版画は有名であるが、原物は上海の徐家匯蔵書楼に数枚しか現存していない。お告げのマリア修道会（長崎市）に多く収蔵されていることを最近知り、嬉しく思っている（口絵32～35）。

図16 『教要六端全図』金陵天主堂蔵板、1869年

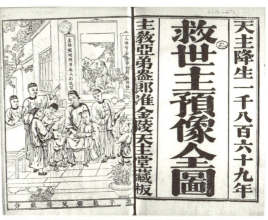

図17 『救世主預像全図』金陵天主堂蔵板、1869年

図18 『玫瑰経図像十五端』慈母堂蔵板、1869年

図19 『諸聖宗徒行実聖像』慈母堂蔵板、1869年

「四終」に関する墨摺彩色のド・ロ版画5点は、ヴァスールの大判木版画のサイズと同じである。5幅1組は大江天主堂の入り口に近い天井部に据えつけた形で掲げられ、祭壇に面している（本章の扉写真）。観る者の視線で左から右へと見れば、「悪人の最期」「地獄」「人類の復活と公審判」「煉獄の霊魂の救い」「善人の最期」となる（口絵6）。お告げのマリア修道会も同じサイズのプリントを5幅1組収蔵している（口絵7〜12）。

3 「善人の最期」と「悪人の最期」

　ド・ロ版画の「善人の最期」と「悪人の最期」の手本となるヴァスールの版画「善終」と「悪終」には、二つのバージョンがある。一つは『中国雑録』に収録されたもので、もう一つは『聖教聖像全図』の挿絵である。前者は、明・暗・光・影をよく表現し、天上と地下を雲によって隔てながら、全体を有機的

図20　ヴァスール『中国雑録』「善終」

図21　『中国雑録』「悪終」

に一体化している。後者の挿絵は、明暗が削除され、簡単な線によって輪郭を示し、明末金陵（南京）の民間版画に近い。前者の方がヴァスールの原画をよく表しているだろう。

　ヴァスールの『中国雑録』所収の「善終」（図20）と「悪終」（図21）は、画面空間において、室内外の区分を明示していない。しかし、『聖教聖像全図』のバージョンは、2点とも室内に設定し、中国人の習俗をより的確に描いている。また、前者の「善終」の右下には外国人の容貌をもつ死神がいるが、『聖教聖像全図』では、その外国人が怪獣に変化している。これも中国人のもつ死神のイメージに近いと思う。ド・ロ版画は、『聖教聖像全図』のバージョンに似ているので、こちらを手本としたのだろう。

　ド・ロの「悪人の最期」（口絵1、8、13）と「善人の最期」（口絵5、12、15～20）は、大江天主堂に掲げられた時は、それぞれ左から1番めと右から1番めで、左右対称となっている（口絵6）。悪人は死後、左から2番めの「地獄」へ

図22　『聖教聖像全図』「善終」

図23　『聖教聖像全図』「悪終」

と堕ちていくが、善人は最終的に天国へ昇る運命に恵まれる。これは中国の善と悪に関する道徳的観念とも一致している。孟子の「性善説」、荀子の「性悪説」、王充の「性有善有悪説」、老荘の「万物斉同思想」などがあり、民間信仰に深く根ざしている。キリスト教では、中国の伝統的観念と違い、アダムとイブが天主の諭しに背いたため、人類全体が原罪を負わされたと教える。キリスト教においては、善と悪は対等な関係を持たない。善は、原罪を清浄にし、天主への信仰と帰順により、徐々に獲得したものである。ヴァスールの「善終」「悪終」と、ド・ロ「善人の最期」「悪人の最期」は、日常生活に染み込んだ伝統的な善悪観を示しながら、画面の上部に救世主イエス・キリストのイメージを描き入れることによって、観る人をキリスト教の理念へ導こうとしている。

　『聖教聖像全図』にあるヴァスールの「善終」（図22）と「悪終」（図23）は、室内の空間を暗示している。中国の伝統的考えによれば、善い男性は家の居間で、善い女性は家の寝室で死を迎える。そのため、ヴァスールの「善終」は室内檐(ひさし)を用いて、居間を表現している。しかし「悪終」の場合は、室内檐を廊下の構造に置き換えて、居間ではないことを示している。

　ド・ロ版画は、ヴァスールの版画を手本としながら、日本宣教に用いる目的があるため、原画にあった室内の配置を簡略化してしまい、より簡潔な画面を作り出している。まず、「善終」の室内の天井部分を消して、原画の床のタイルを細長い板の床にしている。しかも人物の服装を和服にして、布団や道具も調整している。

　「悪人の最期」を例に挙げれば、手本にある主婦が着ていた、ゆったりとした上着は、日本式の紐を入れられ、二人の子供も中国ズボンから、和服姿に直されている。ほかに原画にない神棚、緑と赤の天狗のマスク１個ずつが描き込まれ、位牌が付け加えられ、死者のための花と食物が供えられ、「大神」という文字も書いてある。天使のもつ白紙には日本語で「なんぢ　じゆうにして　われを　とほざかりたる　ゆゑ　いま　われ　より　とほざかれ」と書かれて、中国的・日本的日常生活と阿弥陀信仰を交えながら、キリスト教のテーマを表している。

　「善人の最期」も、人物の服装を和風に変え、天使は「天のうちに　むくゐハ　おほきなり」という文言の紙を見せて、ヴァスール原画の中国式回紋付きテーブルを、装飾のないテーブルに直し、原画にあった聖母像を、十字架に変

更している。もっとも大きな調整は、原画の中国人司祭を西洋人司祭に変えている点である。日本の風俗に従えば、ベッドも取り外して畳にすべきだったが、ベッドがなくなれば、全体の構図を大きく変えなければならないため、そのまま保持している。しかし、善人も悪人もベッドの上で死を迎える場面は、当時の日本人にとって、異国の風俗と見えたであろう。

4 「地獄」と「煉獄の霊魂の救い」

　ヴァスールは多数の「地獄」図を描いたようである。今、確認されているだけで少なくとも5種類ある。1種めは初稿らしく、横柵と縦柵が覆うような地獄図で、ヴァスール著『家庭用図像』（*L'imitation illustrée des familles*, 1890年刊推定）に収載されている（図24）。これは拡大複写を経て残ったものかもしれない。2種めは『民間キリスト教芸術と教区民衆描写図』（*L'Art Chrétien*

図24　『家庭用図像』「地獄」

図25　『民間キリスト教芸術と教区民衆描写図』「地獄」

図26 『天国図解20枚』「地獄」

図27 『中国雑録』「地獄」

populaire et Description du Paroissien Populaire Illustré, 1886年）（図25）にある。

3種めは『天国図解20枚』（Petit manuel Illustré du Chemin du Ciel en 20 grands tableaux, 1891年）にあるもので、これも横柵と縦柵が交差している（図26）。4種めは墨摺の確定稿で、『中国雑録』に収載されている（図27）。5種めは木版画で、『救世主実行全図』や『聖教聖像全図』に挿絵として入っている（図28）。加えて『救世主実行全図』の手彩色の「地獄」（口絵30）。これらの地獄図は恐怖と不安を喚起し、暴力的なイメージとなっている。

ド・ロ版画の「地獄」（口絵2、9）の色彩は、さらにその暴力性を増幅させている。しかし、ヴァスールの「煉獄」とド・ロ版画の「煉獄の霊魂の救い」（口絵4、11）の煉獄は地獄と違い、灼熱があるものの、救われてここを離れていく希望を与えている。両者の「地獄」図は、いずれも「公審判」の地獄の部分を補足し、クローズアップしているといえる。

地獄という概念はほとんどの宗教と民間信仰に存在し、暗黒と永遠なる受難

を表す。中国の伝統的な地獄は、キリスト教の墓場に相当し、亡霊の休む空間を意味していた。インド仏教の影響を受けてから、閻魔が人間の輪廻を掌握することが信じられるようになった[16]。仏教、道教、儒教の観念の複合化から中国的特色のある「十殿閻王」の概念が生まれた。

宋代の『大唐三蔵取経詩話』（正式名『大唐三蔵法師取経記』）の閻魔信仰の最も早い雛形は『西遊記』にあった。その「十殿閻王」を描写した絵画は南宋から清朝まで制作されつづけ、世界各地の博物館や寺院に収蔵されている[17]。明朝前後の絵画にも地獄と十殿閻王が同時に登場する作品が現れ、日本でも江戸時代に狩野山楽の描いた「十王・六道・地獄図」があった[18]。ヴァスールの「世界終尽降臨審判生死」の左下に、陰府を管轄する官吏のイメージ（図29）があるのはそのためであろう。

旧約聖書によれば、地獄は暗い入口があり、それは巨大な怪獣の口に似ている。ダンテの『神曲』の描写に影響されて、地獄は岩の深い洞窟の入口となり、無知蒙昧で救われようのない人類を象徴する。ヴァスールの絵も、ド・ロ版画の「地獄」も周囲が岸壁であることは、このような考えを反映している。

ヨーロッパ中世から、美術家がもっとも関心を寄せていたのは地獄に落ちた罪人と処罰の表現方法であった。「吝嗇（りんしょく）」は男性の首に銭袋がぶら下がる形、「淫蕩」は蛙が性器を飲み込むか、毒ヘビが乳房をしゃぶる様子、「傲慢」は罪

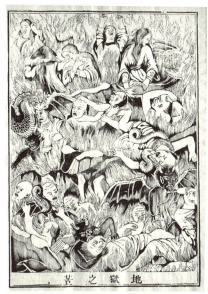

図28　『救世主実行全図』「地獄」

図29　『救世主実行全図』「世界終尽降臨審判生死」の部分

人が水車の車に縛り付けられて休まずに回転すること、「嫉妬」は半身が凍った水に浸ること、「貪欲」は罪人の口に汚水が注入されつづけることで、表現されていた。

　ヴァスール原画にもド・ロ版画にも、汚水を呑まされる罪人がいて、多くの人びとが互いに傷つけ、噛みつき、鎖に縛られ、吊るされている。このような情景は「十殿閻王」の極刑に似ている。ヴァスールは中国の民間信仰を取り入れることによって、キリスト教の地獄観念に馴染ませようとしたのである。イエズス会の中国民間信仰に関する研究の成果は、ドレ（Henry Doré）の研究書『中国迷信研究』（*Research into Chinese Superstitions*, 1922）に見られる。

　「地獄」では、刑吏は十殿閻王の手下の鬼たちではなく、海と陸地の怪獣である。海の怪獣は七頭十角の古竜で、蛇状の身体と蝙蝠の翼をもつ。その頭は豹、口は獅子、足は熊に似ている。古竜は古代ローマの暴君ネロや人類を誘惑したサタンと目されている。ほかに小さい蛇もいる。陸地の怪獣は凶悪の様相を呈し、人間の顔、獣の角、蝙蝠の翼と山羊の角をもち、火を天国から地下へ持ち込む悪魔である。これらの怪獣は天主を冒涜した罪人を苦しめて、噛み砕こうとする。

　「煉獄」は聖書の「ヨハネの黙示録」で曖昧に言及されている。たとえば、
　「見よ、悪魔が、あなたがたのうちのある者をためすために、獄に入れようとしている。あなたがたは十日の間、苦難にあうであろう」と。この「獄」は煉獄を意味するのだろう。キリスト教の考えでは、人間は死んで、まず煉獄で罪過を洗い落としてからでなければ、天国へ行くことはできない。そのため、ド・ロ版画の「煉獄の霊魂の救い」（口絵4、11）は下から上へ順に煉獄の試練、ミサによる罪の清め、イエスの十字架の死による贖罪を表現している。

　ド・ロ版画の煉獄では十数人の男女が烈火に焼かれながら、罪を清められると同時に、三人の天使が飛んできて、一人は指で天国を示し、二人は聖杯をもって、イエスの血を象徴する葡萄酒を注ぎ、人類の罪を償おうとする。罪人は両手を広げ、天使たちを迎え入れ、血の涙を流しながら、イエス・キリストへの感謝を表している。

　地上のミサ聖餐の場面では、和服姿の信者たちが両側にひざまずく中、司祭はイエスの聖体を象徴するパンを聖別し、信者たちはまもなくその聖体を拝領することになる。祭壇には聖杯、聖瓶、6本のろうそくが置いてあり、イエス

第3章　ヴァスール原画とド・ロ版画との比較

図30　『聖教聖像全図』「イエスの十字架上の死」

図31　『聖教聖像全図』の「人類祖先二人が天主に試される」

の体と血を象徴するパンと葡萄酒を拝領することによって、信者の罪が許されることになる。これは煉獄にいる人々のために祈る場である。イエスの磔刑が行われたのはゴルゴタの丘であったが、松の木と富士山のような円錐形の山によって、日本的雰囲気を強調している。

　ヴァスールの原画（口絵34）は磔刑ではなく、聖母子像であった。これは観音菩薩の功徳を信じる中国人には受け入れられやすかったであろう。ド・ロ版画はキリストの十字架上の死の意味をより明確に示すものである。キリストの周囲に立っているのは青色服の聖母マリア、緑色服のマグダラのマリア、黄色服の使徒ヨハネである。これは西洋の聖画によくある構図である。ド・ロ版画はこの構図を反復している。これの手本はヴァスールの磔刑図（図30）で、『玫瑰経図像十五端』『救世主実行全図』『聖教聖像全図』『教要六端全図』に収載されている。また、ド・ロ版画の磔刑図にある月と日輪は、『聖教聖像全図』と『教要六端全図』にある「人類祖先二人が天主に試される」（図31）を参考にして作ったものであろう。

5 「人類の復活と公審判」

　復活と公審判は、「ヨハネの黙示録」にある昇天と地獄入りに関する想像に始まったものである。これをテーマとする絵画は、教会内部の祭壇によく飾られている。大江天主堂における展示は、全5枚の中央に配置することによって、この絵の重要性を際立たせている（口絵3、6）。

　ド・ロ版画の構図では、雲によって上下に境界が設けられている。上は天国でキリスト、聖母、使徒、天使がおり、その下は人間界と煉獄が相通じる空間で、前面は雲に乗り、天使に導かれて、天国へ上昇する復活者がおり、後方および下方は灼熱地獄で、悪魔による責め苦をうけ、恐怖と悲しみにおののく多くの生者がいる。雲は目に見えない聖霊の存在を暗示し、火は聖霊への愛と地獄を同時に象徴している。

　西洋絵画の伝統において、最後の審判は上下関係と左右関係を示し、上層は天国で、下層は人間世界と地獄であり、イエスの右手には天国へ昇る復活者が、左手には地獄へ入る生者がいる、という様式をとっている。しかし、ド・ロ版画はこれと違い、ただ上下関係の表現にとどまる。その手本のヴァスールの「世界終尽降臨審判生死」（『救世主実行全図』）も同様の構図をもち、中心のキリストは王冠を被り、幸福、正義、救いを表わす中国式の法被を着ている。ド・ロ版画の法被は飄逸感があり、同じ色と形の法被を着ているのは、聖ペトロとキリストの左手にいる天使である。

　ヴァスール原画のキリストは両手を高く挙げ、右手は食指を上へ差し出し、左手は手のひらを開いて大きく伸ばしている。ド・ロ版画の右手と左手の姿勢は、ヴァスール原画と正反対である。キリスト教美術では、キリストの両手が高く上がれば、祝福と受け入れを象徴する。右手は祝福を、左手は寛恕を表す。

　ド・ロ版画では、キリストの右手に合掌する聖母がおり、6人の聖人が並び、最前には天国の鍵をキリストから受け取った聖ペトロがいる。左手には剣をもつ聖パウロを含む5人の聖人が並ぶ。ちなみに、ヨハネの黙示録によれば、キリストの周囲には24の座席がある。一方、ヴァスール原画ではさらに多くの聖人がキリストの周囲に配置されている。

　ド・ロ版画の王座の背後には大きな十字架と虹があり、キリストの贖罪と、

神と人類との和解を象徴する。虹の両側に天使が2人ずつおり、右手の天使は筆と花の輪をもつ。筆は左側に開かれた帳簿に記入するためであり、花の輪は昇天する人を迎え入れる。左手の天使が掲げるハンカチは、聖ヴェロニカが十字架を背負うイエスの顔の血を拭い、イエスの顔がハンカチに映ったという伝承を想起させるべく、イエスの両手と両足と脇腹の五つの傷をも描いている。

虹の真ん中には3人の天使の顔があり、キリスト教の「父、子、聖霊」という三位一体を象徴する。画面中、トランペットを吹く天使がおり、天主の福音を知らせているのだろう。さらに4人の天使が煉獄を潜り抜けた死者を天国へ導く。ほかに棺桶から13人が身を乗り出している。煉獄での試練が終わり、これから復活するのだろう。

他方、黒色の飛翔者が5匹おり、悪人を地獄へ連れて行く役割をもつとみえる。さらに同じ人数の角生えの悪魔がおり、生前に大事にした宝と地位はなんの役にたつか、自分の霊魂の救済を忘れたためにこの地獄にいるぞ、と責め立てている。ド・ロ版画では、ヴァスール原画にある中国官吏の姿がなくなり、人物は和服に着替えている。

結び──日中の文化的要素の融合

ド・ロ版画5点とその手本となったヴァスール原画は、絵画の言語と構図を通して、観る者の信仰心を促し、視覚によってキリスト教の恩恵を視覚によって感じさせるものである。ヴァスール原画は明末イエズス会の絵画宣教の伝統を受け継ぎ、中国の民間信仰と民衆の心理を利用して、キリスト教の死生観を表現し、中国人の容貌をもち、中国服を身にまとう人物を作り、キリスト教の教義をわかりやすく教えることが目的であった。

ヴァスールの版画にも着色があったことは記録でわかるが、上海に現存する『救世主実行全図』の手彩色版と数枚の掛絵を除けば、すべて墨摺である。一方、ド・ロ版画は2種類の顔料を使用していた。一つは鉱物顔料で、もう一つは植物顔料である。大江天主堂のド・ロ版画はずっと天井近くに掲げられているため、自然光をうけて、褪色が進んでいる。黄、藍、緑は色褪せが著しく、赤褐と黒はそれに次ぐ。赤、褐色、白は鮮やかで元来の色を保持しているとみられ、それは鉱物顔料を使用したためではないだろうか。赤は朱砂、褐色は

赭石、白は雲母であろう。その他は黄、藍、緑で植物顔料である。色が褪せると、元の墨色が現れてくる。

　ヴァスール原画とド・ロ版画は両方とも木版画であるが、線の使い方は異なる。ド・ロ版画の線はヴァスール原画の線がもつ平直さと硬さを避けている。ヴァスール原画は西洋の透視図法と中国の「通景画」を組み合わせた構図を採り入れ、比較的良い効果を得て、そのままド・ロ版画の中で生きている。「地獄」を除き、他の４点はイエス・キリストを中心に置いて、下界の人間と地獄がキリストの眼中に収まる構図となっている。これはルネサンス時代の透視図法と一致し、そこからキリストと人類との関係を感じとることができる。この透視図法は、リアリティを追求するだけではなく、むしろ擬似空間を生み出す効果をもつ。室内、地獄、天国の三者の隔たりを突破し、「通景画」を創造し、異なる空間同士を一つの空間に集めながら、リアリティを失わない。

　ド・ロ版画は、ヨーロッパのキリスト教が中国と日本に伝播された過程において、中国と日本双方の文化的要素を取り入れたものである。ヨーロッパ、中国、日本の服装、家屋、調度品、家具、民間信仰などが画面に脈々と息づいている。

（翻訳：郭南燕）

第 3 章　ヴァスール原画とド・ロ版画との比較

§注

▶ 1　李丹丹「清末耶蘇会士芸術家范世熙：発軔於土山湾孤児院的天主教図像集研究」(中国美術学院博士学位論文、2015 年 5 月に提出) 25-26 頁。

▶ 2　画像が初めて中国に渡ったのは 635 年である。『大秦景教流行中国碑』によれば、アロペンが景教図を長安に持ち込んだという。西洋絵画が中国へ頻繁に持ち込まれたのは 16 世紀である。1548 年に浙江省の双嶼島へ、64 年に香港の大嶼山へ、65 年にマカオへ、16 世紀末長安へ持ち込まれた記録がある。「非常に写実的で、立体的に感じさせ」、「いくら見ても飽きない」という言い伝えから推定すれば、たぶん油絵だろうと思われる。残念なことにこれらの画像資料は残っていない。

▶ 3　小野忠重『版画：見かた・作りかた』社会思想社、1964 年、148 頁。

▶ 4　梅娜芳『墨的芸術：「方氏墨苑」和「程氏墨苑」』(中国美術学院博士学位論文、2011 年)；何珂「中国基督教芸術本色化的四個歴史時期」『金陵神学志』第 1 期、2001 年。

▶ 5　西村貞『日本銅版画志』書物展望社、1941 年、45-64 頁。

▶ 6　Craig Clunas, *Pictures and Visuality in Early Modern China*, London: Reaktion Books, 1997; 中国語訳は柯律格著、黄暁鵑訳『明代的図像与視覚性』北京大学出版社、2011 年、40、41 頁。和訳はクレイグ・クルナス著、武田雅哉訳『図像だらけの中国：明代のヴィジュア』図書刊行会、2017 年、60-63 頁。

▶ 7　史式徽著、天主教上海教区資料訳写組訳『江南伝教史』上海訳文出版社、1983 年、136 頁。

▶ 8　高龍磐著、張廷爵訳『江南伝教史』天主教上海教区光啓社、輔仁大学天主教史研究中心、2017 年、160 頁。

▶ 9　前掲、史式徽著、天主教上海教区資料訳写組訳『江南伝教史』293 頁。

▶ 10　同、294 頁。「中国人信徒が好む多くの聖像はここの工房で製作、印刷されたもので、中国各地のどこの教会もここで製造された装飾品と用具を見ることができる」とある。

▶ 11　前掲、高龍磐著、張廷爵訳『江南伝教史』160 頁。

▶ 12　ヴァスールの経歴に関しては二種類の文献がある。一つは上海徐家匯蔵書楼の所蔵する「耶蘇会法国省職位表」で、もう一つは Vanves にあるフランス・イエズス会文書館に保蔵された簡単な履歴書であり、両者の記述に若干の食い違いがある。本章は徐家匯蔵書楼の資料に従う。また、前掲の史式徽著『江南伝教史』は、新教に対するヴァスールの批判を記録している (281 頁)。

▶ 13　前掲、高龍磐著、張廷爵訳『江南伝教史』161 頁。

▶ 14　前掲の李丹丹博士学位論文、68 頁。

▶ 15　パリのオウテイユ (Auteuil) 孤児院は 1866 年に設立され、土山湾孤児院とほぼ同期で、

運営方法も似ている。『中国雑録』の口絵にこの孤児院の印刷工房の様子があり、「オウテイ孤児院の印刷工が土山湾孤児院印刷工に敬意を表す」という 1 行が付されている。

▶ 16　中国の 547 年ごろ成立した『洛陽伽藍記』巻三崇真寺の条「比丘惠凝死一七日還活。経閻羅王検閲，以錯名放免。」とある。『鋳鼎余聞』巻四の「一切経音義」二十四云：閻王即梵閻羅天使、或称閻羅大王。琰摩，或作琰魔羅，或言閻羅，亦作閻閻摩羅社，又言夜摩芦迦，皆是梵音。又云：閻魔，此云双；羅社，言王。兄及妹皆作地獄王，兄治男事，妹治女事，故曰双王也」を参照。

▶ 17　たとえば、「十殿閻王」をテーマとする中国の絵画は、ベルリンの東アジア美術館、チェコのプラハ国立博物館付属ナプストク民族美術館、イタリアの聖フランチェスコ教会、アメリカのメトロポリタン美術館、ハーバード大学美術館、ロンドンのビクトリア美術館などにあり、日本の奈良国立博物館、静嘉堂文庫、神奈川県立博物館、根津美術館、誓願寺、浄土寺、観音寺などに収蔵されている。

▶ 18　狩野山楽「十王・六道・地獄図」（9 幅）、紙本、4 幅は 150cm x 92.5cm, 五幅 150cm × 80 cm、長獄寺蔵、収蔵者登録番号 17414-22。

第4章 ド・ロ版画にみる日本イメージの受容と展開

白石 恵理

大浦天主堂キリシタン博物館蔵のド・ロ版画〈善人の最期〉版木（部分）

　本章では、「ド・ロ版画」10種のうち、主にカトリック教理の絵解きに使用したとされる5種の図像について、明治初期の日本、とりわけ長崎の社会・文化的背景をもとに解読・考察する。ド・ロ神父は、ヨーロッパの流れを汲む中国製の図像を参照し、日本人向けの版画制作を構想した。したがって、日本版独自の表象上の特色を洗い出すことにより、どのような属性の人びとを主たる対象とし、どのような点に注意を払ってキリスト教理を伝え広めようとしたのかがおのずと浮かび上がるはずである。また、それにより、中国での布教活動との違いの一端も明らかになるだろう。

　解読の対象とするのは、長崎・熊本県下を中心に散在する類品のなかでも彩色に古風をとどめ、5点が状態良く揃った天草市・大江天主堂所蔵の木版画である[1]（口絵1〜5）。

1 長崎に生まれたキリシタン版画

　ド・ロ神父が1879（明治12）年から主任司祭をつとめた長崎市外海町の出津教会で35年にわたり片腕として働いた中村近蔵は、横浜から長崎に戻って大浦天主堂で印刷事業を再開した当時のド・ロ師を振り返り、次のように述べている（下線は引用者）。

　　　ド・ロー師は前年の末から、着手してゐた神學校の建築工事をつゞけ、明治八年十月に漸く出來上つた。（中略）正規通りに神學校として授業を開始するに至つたのは、明治十年十月であつた。この二ケ年間に、ド・ロー師は活版機械を新校舎の一室に据ゑつけた。こゝは後の生徒食堂で、師は譯文校正係として國文學者と畫師とを雇ひ入れ、聖書初學要理や祈禱書、聖母マリヤ、聖ヨゼフの大きな御繪、十字架の道行の御繪等を發行した。これによつてみると今、大浦天主堂に秘藏されてある十枚の木版、四終に關するものが五枚、主の聖心、聖マリア、聖ヨゼフ、聖ペトロ、聖パウロの五枚は當時の製作に係るものと思はれる[2]。

　すなわち、現在の大浦天主堂キリシタン博物館が所蔵する版木10枚、および、本書後掲の「一覧」中の現在の所蔵点数とは異なるが、「四終に關するもの」（本章で取り上げる教理布教用版画と思われる）5点、聖人像5点の版画は、1875（明治8）～77（同10）年頃に制作されたと推定されている。これが、いわゆる「ド・ロ版画」の最初の制作時期と言えるだろう。
　大江天主堂所蔵の5点も、ド・ロ神父が同じパリ外国宣教会に所属するガルニエ神父（1860-1941）に贈ったものといわれる。現在の大江天主堂の建物は、1892（明治25）年に大江教会へ赴任してきたガルニエ神父が、多くのカトリック教会堂建築を手がけた長崎県出身の鉄川与助設計により、私財を投じて改築したもので、1933（昭和8）年に完成している。地元民によると、5点の版画は天主堂建築時にはすでにあったという[3]。
　ド・ロ神父は、同天主堂完成以前、1914（大正3）年に没しているので、寄贈したのはおそらく明治期、ガルニエ師の赴任以後であろう。現時点では明確

第4章　ド・ロ版画にみる日本イメージの受容と展開

な記録が見つかっていないため、着彩はもとより摺り自体も大浦天主堂本と同時期に行われたとは断定しがたい。あるいは、大浦天主堂での初版時に墨摺を複数枚制作したうちの一部で、のちに筆彩が施された可能性もある。これまでの実見調査の結果、教理布教用「ド・ロ版画」の基本仕様は掛幅（掛絵）だったと推測されるが、大江天主堂本5点はすべて未表装のまま一式の額装で、礼拝堂内天井部に据え付け展示されている（口絵6）。

いずれにしろ、図様は大浦天主堂所蔵の版木に忠実であり、初期作とされるド・ロ神父記念館（お告げのマリア修道会・旧出津救助院）蔵〈煉獄の霊魂の救い〉（口絵11）や大浦天主堂キリシタン博物館蔵〈地獄〉に比べると色の明度が高く、細かな描写に差異は見られるものの、配色や衣装の文様等にいまだ明治の香りを残している。江戸時代の初めから末頃までの120余年、長崎で異国情緒豊かな土産物として盛んに作られた錦絵「長崎版画」と同様に、茶・藍・紅・墨等を主とする南蛮画風の色彩であることも、比較的早期の制作を窺わせる。

これに対し、お告げのマリア修道会所蔵（旧出津修道院蔵）の同版画5点一組は、明るい緑色、黄色、桃色、オレンジ色等、より多彩で自由な配色が施されており、まったく印象が異なる（口絵7）。着彩に限って言えば、後者は別の絵師によるさらに後年の作であろう。

樋口弘の研究によると、日本国内の主たる貿易地が横浜へ移るとともに「長崎版画」の需要が減り、新板の板行が終息した明治初め、すでに長崎には「キリスト教版画」が板行されたとの伝承があったという。しかし、実際にその存在が確認されたのは、それから50年後の昭和12（1937）年頃、長崎のカトリック司教でキリシタン史研究家でもあった浦川和三郎（1876-1955）が、大浦天主堂の物置で10枚のキリスト教関係の版木を見つけたことによる。ちょうど同時期に、「長崎開港初期の切支丹木版繪を探求してゐた」長崎出身の南蛮美術研究家・永見徳太郎（1890-1950）もまた、大阪と東京で偶然、〈悪人の最後〉と〈善人の最後〉の墨摺彩色を発見し、日本で最も早く紹介している。

ただし、その報告記事が書かれた時点ではまだド・ロ神父が制作に関わった事実は知られておらず、一連の版画を「長崎版画切支丹絵」と呼んでいる。その報告からさらに30有余年を経た1970年代発行の樋口の編著にも相変わらず「ド・ロ神父」の名は見られない。本書の第1章でも紹介している通り、樋口

111

は「長崎板画は明治になって滅びたが、長崎の板画技術はキリスト教板画として、明治になって継承されたのである」と述べ、永見同様、のちにド・ロ神父制作と判明する版画作品を「長崎版画」の延長線上に位置づけている。ただし、両者の論文中のいずれにも、「長崎版画」と「ド・ロ版画」を結びつける明確な根拠は述べられていない。

永見の「切支丹絵」報告記事を読むと、例えば「紙質」の欄に「唐紙らしい。破損しやすいためであらうカンレイ紗を裏から貼つてゐる」とある。「長崎版画」の場合も、中国渡来の破れやすい唐紙が用いられていた点が異色だったという。ほとんどが刻線を墨で板刻し、その上に岩絵具や草絵具で彩色しているが、中には他の地域では手に入れることができなかった西洋絵具を使用した例もあったといわれる。樋口の著作では、「長崎版画」の別の特色として、「骨線だけを摺った白生地のものを一回に多く摺っておいて、店先で客の注文に応じて、合羽摺にしたり、色板摺にしたり、あるいは筆彩にしたという伝承」も紹介されている。

このような技法・制作手順において、はたして「長崎版画」とどの程度まで共通していたのか。ド・ロ版画の本格的研究はまさに端緒についたところであり、この点は今後の大きな研究課題の一つである。

ここでは、直接の原典である、ヴァスール師が中国・上海で制作した一連の版画(『救世主実行全図』[南京・金陵天主堂、1869年]他から引用。以下、便宜的に「中国版」と称する)と比較しながら、ド・ロ版画の図像を詳しくみていきたい。

2 絵解きと象徴——キリスト教と仏教、民間信仰のはざまで

〈煉獄の霊魂の救い〉(口絵4)は、5種のうちではかなり原典から離れ、日本オリジナルの要素を多くもつ作品の一つである。

画面は、中国版(図1)同様、天上、地上、地下(煉獄)の三界で構成されている。地下の煉獄図は、三人の天使がかざす聖杯からキリストの血を拝領しようと腕を伸ばす人々の服装や髪形が、日本の着物やチョンマゲ、髷姿に変更されている程度だが、問題はその上層界である。まず天上を見ると、中国版で

第4章　ド・ロ版画にみる日本イメージの受容と展開

ド・ロ版画〈煉獄の霊魂の救い〉（大江天主堂蔵）＝口絵4

図1　〈煉罪之所善功可贖〉『聖教聖像全図』、1869年

は聖母子と天使らが中国人と思われる人物とともに光背を受けて明るい輝きをもって描かれている。

　それに対しド・ロ版では、左右に太陽と月を配し、十字架に磔にされたイエスと、その足元で祈る三人の聖人——青色のマントを身につけた聖母マリア、ひざまずいて祈るマグダラのマリア、そして聖ヨハネと思われる人物[17]——が、死と冥府を暗示する黒色を背景に圧倒的な存在感で浮かび上がる。周囲の雲も、煉獄の天使たちを乗せた雲に比べると、渦巻きが黒く太い線によって執拗に強調され、不穏な空気を醸し出している。

　西洋人神父によって野外ミサが執り行われている地上界もまた、日本独自の大幅な描き換えが施されている。聖壇の左右には中国版の棕櫚に代わり、枝ぶりのよい松が描かれ、背景の小高い山は、キリストを出現させる舞台装置のようにそびえ立つ。神父の足元にひざまずく男性二人を除く信者は、右に女性、左に男性と、集団がはっきり二手に分かれている。女性たちが一様に白い布で

頭を覆い、指を組んで祈りを捧げる一方、ひざまずいて目を伏せている男性たちはといえば、腕を組んで両手を袖に入れてみたり、右手で左手首をつかんだり、両手を膝に置いたりと、ポーズが個々別々である。これは信心の性差を表現しているのか、気になる点である。地面に控えめに咲いている白い花は、昭和初期に黄色の西洋タンポポが渡来するまでは長崎県で主流だったといわれるシロバナタンポポだろうか。

　太陽と月は、中世前期から15世紀頃に至るまで、ヨーロッパの絵画・彫刻等において、キリスト磔刑の図像には定番のモチーフだった。十字架の上部左右にそれぞれ配置され、円盤内に顔が描かれたり、擬人化された太陽と月の人物像が描かれたりすることもある[18]。解釈については、磔刑の際に暗闇が大地を覆ったという聖書の記述から天変地異の象徴とする説、キリストに備わる二重の本質、すなわち太陽が神性を、月が人性を表すという説、あるいは旧約・新約の二つの聖書を表すなど諸説ある。スペインで16世紀初頭に制作されたと推定される油彩画〈キリストの磔刑〉（長崎県美術館所蔵・須磨コレクション）にも、太陽と月がそれぞれ顔入りで描かれている[19]。

図2　〈熊野観心十界曼荼羅〉紙本着色、152.9 × 163.5 cm、六道珍皇寺（京都）[小栗栖健治『熊野観心十界曼荼羅』（岩田書院、2011年）68頁]

図3　〈来迎寺本立山曼荼羅〉江戸時代（18世紀）4幅［『地獄遊覧――地獄草紙から立山曼荼羅まで』富山県・立山博物館（2001年）67頁］

一方、日輪・月輪と山が結合した図柄は、17世紀以降に熊野比丘尼が全国を巡って広く絵解きした地獄極楽図の一つである〈熊野観心十界曼荼羅〉とも共通する。[20]例えば、六道珍皇寺所蔵本（図2）をみると、日輪・月輪に挟まれた中央に小高い山と松、そして山腹に阿弥陀仏が描かれている。仏にあたるのが、さしずめド・ロ版画ではキリストとなろう。山と死後世界とが結合した図像は、ほかに〈立山曼荼羅〉（図3）などにも見られる。[21]〈立山曼荼羅〉の一般の構図では、やはり画面の上方左右に日輪・月輪を配し、その下に立山連峰や阿弥陀如来の来迎などが描かれている。江戸時代半ば以降、とくに女人救済・往生を主眼として同種の絵図が盛んに作られ、絵解きに使用された。

　日本では古来、仏教が伝播する以前から、山地・山岳は死霊・祖霊の漂い鎮まる他界と考えられていた。この日本固有の山中他界観と、外来仏教の地獄思想が結びついて、平安期以降、全国の山中に地獄があり、罪を犯した者はその地獄に落ちるという民間信仰が流布することになる。また、長崎県でも山の神信仰は昔からきわめて盛んだったといわれる。[22]一般に、長崎や佐世保の愛宕山のような円錐形の高山巨峰は神の依り給うところで霊山として仰がれていたという。

　山の左右に見える常緑樹の松は、東アジアはもとより、日本で最も親しまれてきた樹木のひとつで、古来「長寿の象徴」とされ、「めでたさ」「晴れがましさ」を示すシンボルである。ド・ロ版では、信心により煉獄から救われた人々を寿ぐと同時に、日本でのキリスト教の布教復活を祝す意味も暗示されているように思われる。そして、さらに言えば、その霊性ゆえの「媒介」としての役割も想起させる。能舞台の背面に必ずと言ってよいほど描かれる松と同様、人間界と神、人間界と異界をつなぐ依代（よりしろ）となることで、今まさにイエスと三人の聖人が姿を現す「影向（ようごう）」という概念を視覚化しているとも考えられる。ここでは、神を讃え、迎え入れる装置として機能している。

　ド・ロ版画制作とほぼ同時期にあたる1878（明治11）年のパリ外国宣教会年次報告には次のような記事が見える。「長崎では9人の宣教師たちが、ローケーニュ司教の指導のもとで、特に旧信者の末裔の所で骨の折れるしかし慰め多い使徒職に従事している」。[23]「旧信者の末裔」とは、すなわち潜伏キリシタンの子孫のことである。いわゆるかくれキリシタンと呼ばれる人々をカトリッ

クに復帰させることが、1865年以来のプティジャン司教らの活動に続き、ド・ロ神父の使命の一つであった。

長崎県生月島（いきつき）でかくれキリシタンの信仰を守り、行事を主宰するオヤジ様の一人は、かくれキリシタンにとっての「神」を次のように語っている。「キリストはカトリックの神であってカクレキリシタンの神ではない。（中略）頂点にある神はマリヤで、御前様、御水、オマブリがマリヤを示す一体となったもので神」であると。[24] 実際に、生月島で「御前様」と呼んで拝礼の対象とする掛絵のほとんどは聖母子像であり、長崎・外海・五島地方での信仰の中心も御帳（カトリックの教会暦）のほかは、中国から輸入した白磁・青磁の子安観音や慈母観音像をマリアのイメージに見立てた「マリア観音」である。

かくれキリシタンを教会へ呼び戻すのが布教の第一の目的であれば、この煉

ド・ロ版画〈悪人の最期〉（大江天主堂蔵）
＝口絵1

図4 〈悪終〉『聖教聖像全図』1869年

獄図にも、中国版の聖母子像をそのまま採用してよかったはずである。しかし、むしろ、そうしなかった点に制作者の明確な意図が読みとれる。かくれキリシタンの世界で長い間、神道や仏教と混淆したマリア信仰の背後に退けられていたキリストの生涯について、改めて教え広めようという、ド・ロ神父側の意志が感じられるのである。阿弥陀来迎図などの仏画と同様の表現で描かれた禍々しい雲の形が、イエス・キリストの死を強調する効果を発揮している。

〈悪人の最期〉（口絵1）にも、原典の中国版（図4）と比較すると、興味深い描き換えが多く見られる。死の床にいる悪人を今まさに捕らえんとする悪魔と、悪の化身である竜の一群。悪魔らが突然現れておののく悪人の妻子と、その横で困惑した表情を浮かべる一人の天使。そして、その真上には異次元図法の常套手段として、雲に乗った神と、竜を倒すべく剣を振るう大天使ミカエルの姿がある。大まかな構成は同じだが、中国版が戸外とつながるオープンセットのようなタイル貼りの空間なのに対し、ド・ロ版は室内で、壁面の棚の上段に神棚、下段に仏壇が細かな筆致で描かれている点が特徴的だ。神棚の左右には、赤と緑の天狗を祀っている。[25]

悪人の枕元に置かれた神棚と仏壇は、明らかに、祖先崇拝のために神道祭祀や仏教行事も欠かさないかくれキリシタンたちに一神教への改宗を迫る意図の表れだろう。そして「天狗」という民俗語彙は、長く潜伏／かくれキリシタンに伝承された信仰書『天地始之事』や『こんちりさんのりやく』において、「悪魔」の訳語として使われている。日葡辞書の「Tengu（天狗）」の項にも「Tenno Inu.（天の狗）悪魔」とあり、"Tatari"（たたり）、"Toritçuqi"（取り憑き）など、人間に禍をもたらす存在を示唆する用例が続く。[26] 16世紀のイエズス会による布教当初、宣教師たちの目には、仏教僧侶の活動が悪魔に仕える妖術と判断され、中でも「天法」、すなわち天狗の法を駆使する山伏は、最も悪魔的に見えたであろうと、紙谷威広は指摘する。[27] しかし、17世紀のキリシタン禁令後になると逆に、反キリシタン俗書などで伴天連の顔が天狗のように描かれた例も見られる（図5）。明治初期の日本では、キリシタン教義書を日本語で刊行した際に漢籍を典拠とするものがあり、その中の翻訳例の一つに、「邪魔→てんく」とあったことも判明している。[28] 江戸から明治期の日本社会においては、宣教師や信徒たちの間に、天狗＝悪魔という共通認識が普及していたと

考えてよいであろう。

原典である中国版では、神の右隣の天使が白紙を掲げているのに対し、ド・ロ版の天使が持つ紙には仮名文字で「なんぢ　じゅうにして　われを　とほざかりたる　ゆゑ　いま　われより　とほざかれ」とある。鎖で縛られようとしている悪人の傍らには、銚子と盃、金子、サイコロ、そして、ポルトガルから長崎に伝わって博打にも使われた「ウンスンカルタ」と思われる札が転がっている。天狗を目印とした異教の信仰は、博打や飲酒などの欲と同様に、邪道な禁忌と教えられていたことがわかる。

本図には、ユニークな箇所が一つある。右下隅で舌を出して横たわっている小さな白犬である。これは中国版には存在しないド・ロ版独自の創作で、その答えを鑑賞者に問いかけている隠喩と想像される。日本古来のイメージによるとさしずめ、主人を守ろうと竜に噛みついて殺された"忠犬"といったところだが、犬は江戸期の絵画においては子どもと対で描かれることの多い題材でもあった。女性や子どもに親しみあるモチーフとして選ばれた可能性がある。他方、聖書では、本書の郭論文による解釈のほか、「犬は一般に野卑な呼びかけ、軽蔑の言葉として用いられることが多く」、乱暴な者、死人の肉を食う餓鬼、強欲な者、偽善者などはすべて犬に見立てられたとの説がある。しかし、ルネサンスの画家ティツィアーノの絵画などには、犬を「未来への先見」「希望の象徴」として描いたものもあったといい、ここでの犬の死は、希望の光が消えた状態を暗示しているとも考えられる。

図5　「吉利支丹物語」(1639［寛永15］年）より、伴天連の信長公に関する図［千澤楨治ほか編『キリシタンの美術』(宝文館、1961年)、146頁］

第4章　ド・ロ版画にみる日本イメージの受容と展開

3　「地獄」と女性

　ド・ロ版の〈地獄〉（口絵2）を中国版[31]（図6）と比較すると、着色効果を除いても、その阿鼻叫喚ぶりには凄まじいものがある。巨大な岩盤に囲まれた地下の火の池から逃れようがなく、もがき苦しむ男女に、悪魔や竜や蛇が容赦なく襲いかかる。5点の中では最も迫力があり、初めて見た人びとにとってその衝撃はいかほどだったか、想像に難くない。

　図を詳細に見てみよう。中国版にある人間、悪魔、竜のほかに、原画にはない亡者と子どもが追加されている。また、竜の数とともに、人間と亡者を合わせて女性の数が大幅に増えている点にド・ロ版の特色がある。最上部から見ていくと、服装は別にして人物のポーズそのものは中国版を借用しているが、

ド・ロ版画〈地獄〉（大江天主堂蔵）＝口絵2

図6　〈地獄之苦〉『救世主実行全図』金陵天主堂蔵板、1869年

ド・ロ版では女たちの両手首が太い鎖で繋がれている[32]。原画の中央部でつかみ合いの喧嘩をしている二人の男は、ド・ロ版では夫婦と思われる男女二人のつかみ合いに変化している。その横では、子どもが父親の頭に噛みついており、これもド・ロ版独自の図様である。子どもが登場する地獄図は、仏画にもめったに見られることがなく、かなり特異と言えよう。

　かくれキリシタンの間では、仏教的な「地獄極楽の図」を掲げる伝統があったといわれている[33]。その図像については詳らかではないが、一般に膾炙していた図像としては、先述の〈熊野観心十界曼荼羅〉のような地獄極楽図が想像される。江戸時代前期の『好色訓蒙図彙』（1686〔貞享3〕年）には、熊野比丘尼が仏の教えを知らない女性や子どもに地獄極楽の絵を広げて絵解きし、人生の盛衰（老いの坂）と世の無常を示し、涙を誘ったと記されている。特に、その絵解きでは、老いの坂や十界に加え、子どもを産まない女が堕ちるとされた不産女地獄、血の汚れにより堕ちるとされた血の池地獄、嫉妬に狂った女が堕ちるとされた両婦地獄など、女性の地獄に重きが置かれていた。時代は下っても、僧侶による絵解きや、親から子への語り聞かせによって、針の山、嘘をついた者の舌を抜く鬼、火の車など、日本伝統の地獄物語は広く庶民に浸透していたという。

　そのように複雑で詳細な解説を要する仏教図像に比べると、ド・ロ版画の地獄イメージはいたってシンプルでわかりやすい。信心を怠って社会や道徳の規律に反し、罪を犯した者は地獄に落ち、燃えさかる炎に包まれて苦しむのである。15世紀末のドイツ版画に本図の原点となるような「地獄」の描写があり、中世以来の古典的カトリックのイメージだと指摘されている[34]。

　死後の世界観、すなわち他界観は民族、宗教・信仰によって異なるとはよく言われることであり、宗教民俗学者の五来重は、かつて次のような見解を述べている。

　　キリスト教では天国こそが現実性をもった理想の世界で、地獄は天国へ行けない罪人への誡めとしての存在である。これに対して日本人にとっては、地獄こそ現実性をもった恐るべき世界で、そこへ堕ちないための救済として極楽がある。これは民族性の相違なのか、仏教とキリスト教の相違なのかよく分からないが、平均的日本人、すなわち庶民の意識はそうなの

第4章 ド・ロ版画にみる日本イメージの受容と展開

である。(中略) キリスト教では天国が実像で、地獄は影である。
　日本仏教では地獄が実像で、極楽が影であるが、これは唱導なり浄土教芸術なりからたしかめることができる。[35]

　この説によれば、キリスト教義と日本庶民の地獄極楽観は異なるどころか、表と裏の関係のようでもある。ただし、ド・ロ版の図像を見る限り、女性イメージの追加や独自の描写から推察して、説教の主たる対象は、仏教の地獄図同様、女性だったと考えられる。では、本図制作の主たるねらいはどこにあったのだろう。

　1865 (慶応元) 年に大浦天主堂にて、潜伏していた日本人の信者たち数名と運命的な出会いを果たしたプティジャン司教は、ド・ロ版画完成の数年後にあたる 1880 (明治13) 年、パリ外国宣教会への報告で次のように述べている。「生月はなかなか豊かで人口も多い島である。全島民信者でありずっと以前から明るい希望を見せているのに教会に戻ったのは50家族にすぎない。……不思議なことは、この島では、<u>正統信仰に戻るのを妨げているのが婦人たちだということである</u>」[36]。6,000人もの島民のほとんどがキリスト教信者の末裔であるにもかかわらず、ほんのわずかしか教会に戻ってこないという嘆きは、1888 (明治21) 年のクーザン司教の報告にも見られる。「これまで幾人かの宣教師たちが、自ら或いは伝道師たちの手を借りて、この『離れ』の人々の戻りのために働いて来たが徒労に終わってしまった。(中略) 戻りのことを口にしない彼らは、新たに迫害が起こりはしないかとの想像から来る怖れと、又異教徒のある実力者たちが彼らに与えている恐怖、そして世間体、<u>又とくに婦人たちによって引き止められていたのである</u>」[37] (下線は引用者)。
　この記事では、女性たちが教会への復帰を妨げている原因を次のように続ける。「余りにもひどい女性の饒舌を怖れた男たち」が、1873 (明治6) 年までキリスト教の教理や宗教的実践を隠れて守ってきたため、祈りを唱えるための「集会から完全に女性を閉め出してしまった」。その結果、女性たちから「キリスト教の伝承を学ぶ手だてをすべて取り上げることになってしまった」という。そして、「この仕組みの中で、間もなく婦人たちは熱心な異教徒になってしまい、今、生月島の改心のために一番大きな妨げになっている」と吐露している。

上記の報告はいずれも生月島に関する記述である。しかし、長崎教区の宣教師たちはおおむねこのように理解し、女性たちへの布教を、かくれキリシタン集落に共通する課題として重く捉えていたと考えられる。
　一方、『長崎県のカクレキリシタン―長崎県カクレキリシタン習俗調査事業報告書』によると、女性たちが「カクレ」の主要行事から排斥されたのには、また別の事情があったことがわかる。特に生月島や平戸では本来、キリスト教にはない女性への「ケガレ」（月経や出産による血の汚れ）観が、「カクレ」においては存在し、タブー視されたというのである。カトリックの世界では犠牲を捧げるという趣旨で一定期間、性的な交わりを避け、禁欲生活を送る。ところが「カクレ」では、長い潜伏期間を経て「禁欲」の本来の意味が忘却されるとともに、神道や民間信仰の影響による不浄観と結びつけて理解されるようになったという。行事の前に夫婦が一定期間禁欲生活を送るのはもとより、女性は「神を祀る祭壇のある部屋に入ること、神の像を見ること、ましてやそれに触れることは厳しく禁じられ、オラショ（祈り）を学ぶことすら禁じられて」おり、普段から男性を立てるように気をつけなければいけない存在であった。[38]
　実は、原典である中国版を制作したヴァスール師は中国における仏教の絵解きを研究していたといわれる。[39] ド・ロ神父もまた、先の〈煉獄の霊魂の救い〉（口絵4）に仏画共通のモチーフを取り入れているように、日本での仏教の絵解きに関する知識をある程度有していたと考えられる。布教用版画制作にあたりド・ロ神父が目指した一つに、キリスト教行事からは除外されながら、片や仏教や神道行事を含む家系伝統の信仰と祖先崇拝を固く守り続ける女性たちの解放と意識改革があったことは間違いないだろう。
　ド・ロ版の〈地獄〉図は、中国版の構成を借用しつつ、当時の長崎の女性の現実に配慮したものになっていると推察される。祖先を祀るイエの伝統やしがらみに手鎖で縛り続けられる女性、両手で耳を塞いだまま他人の話を聞こうとしない女性、夫と仲違いし離縁するような女性の魂は救われることがなく地獄に落ちる、と絵は語っている。そして、〈煉獄の霊魂の救い〉（口絵4）では、改悛した女性たちの魂が次々と救い出され、地上でのミサに参列する女性の数が男性とほぼ同数となっている。これら二図を原典と比較すると、いずれも老若合わせた女性の数が大幅に増加している点が共通している。

前述の通り、ド・ロ版の〈地獄〉は、中国版よりもはるかに恐ろしく、迫力がある。それは人物の顔の表現に起因するところが大きい。地獄に蠢く男女には、額の横ジワや頬の縦ジワ、目元のシワなど、顔中のシワというシワが過度に刻み込まれ、軽く開いて歯を見せた口元はへの字に曲がり、白目をむいている。悪人とはこのような形相だと言わんばかりである。絵解き用ド・ロ版画5点をテーマに沿って眺めて見ると、善人と悪人の表情の違いは一目瞭然である。顔の大げさなデフォルメは、善と悪の違いを女性にも子どもにもわかりやすく教えるための、ド・ロ版ならではの特色とも言えよう。

 例えば、〈人類の復活と公審判〉(口絵3)で煉獄から救い出される男女や、〈善人の最期〉(口絵5)でベッドに横たわっている善人は、特に欧米やキリスト教文化圏で「ブッダ・フェース」と呼び習わされるような、穏やかではあるが生気も感情も失った顔を持つ。それに対し、〈地獄〉図の悪人たちや、〈人類の復活と公審判〉の、悪魔たちにいたぶられて右往左往している最下層の男女の方がむしろ豊かな表情を持ち、生き生きと描かれている点がおもしろい。

 片岡弥吉はかつてド・ロ版画について、「キリスト、聖母の顔立ちに日本人の面影をひそめ」ていると述べている。▶40 そのように西洋人描写に日本人に馴染みやすい印象を加える一方で、特に〈地獄〉図においては、感情を露わにしたグロテスクな顔の表現と、手の甲や腕の筋を立体的に際立たせる陰影表現に、明らかに洋風画を学習した絵師の来歴が窺える。

4 描かれた風俗と時代

 全5種を比べた時に、真っ先に違和感を覚えるのは、〈悪人の最期〉(口絵1)である。日本の風俗の取り入れ方として、特に衣装と髪形の描写が不自然なのだ。

 悪人の妻と思われる右端の女性が着ている衣装は、衿と袖、背後で息子がつかんでいる袂のシワなど、ほとんどが中国版の引き写しで、両袖口から見えているシャツの袖も含めておよそ明治期の女性の服装らしくない。原画の中国人婦人のローブ風衣装に無理やり帯を付けて、着物風に見せかけているだけである。髪形もまた同様で、原画をほぼ借用した不自然な結髪に赤い玉かんざしと櫛をあしらって、ようやく日本風にしている。女性が手をとっている下の息子

の衣装も、中国服から小袖姿に変わってはいるが、まるで下絵のラインをなぞって無理にそのスペースに落とし込んだような型崩れぶりである。付け紐に至っては、江戸期の絵画によく見られる子供帯とはまったく違う。クネクネした細紐すぎて、実物を見たことのない外国人が描いたのかと思うほどだ。

ちなみに、右の兄の髪形は唐子髷からチョンマゲに変わっているのに対し、弟の頭はどちらかというと中国風に近い。肝心の悪人本人は、髪がチョンマゲに変化しているだけで、寝間着は原画そのままである。

しかし、その一方で、寝台や椅子、仏壇、神棚等の家具、小物、和式の枕、床板の木目や継ぎ目といった、実物をモデルにできる家屋の設え（しつら）については（和室の畳が一切登場しないという不自然な点は別にして）、原画とは比べものにならないくらい正確で緻密な描きぶりである。もしかすると、一枚に二人の絵師の手が入っているのかと想像をたくましくしてしまうほどだ。

〈善人の最期〉（口絵5）は、ある善き人の危篤の時にあたり、神父が終油（塗油）の秘跡を行っている場面である。天上ではキリスト、マリア、ヨセフの聖家族が今まさに迎え入れんと見守っている。その右隣の天使は日本版にのみ描かれている伝令役で、「天のうちに　むくいハおほきなり」と書かれた紙を掲げている。

それ以外に中国版（図7）と大きく異なる点は、神父の横に立つ助手が右手に持つ大きな赤い十字架である。原画にある十字架上のキリスト像が、ド・ロ版では背後の机に置かれた聖母子像とともに、赤い十字架に変わっている。▶41 ここでは何らかの理由で聖像を排除したと考えられる。あるいは、キリストの血の色に染まった十字架を強調する意図があったのか。現実問題として彫師が細かな造作を避けた可能性もある。

日本人風俗について言えば、例えば、臨終が迫る夫の足元にひざまずく妻の着物は、〈悪人の最期〉の着物に比べると、衿元の形や柄、帯の形などが一見整えられ、髷や髪飾りも丁寧に描き直されている。ただし、原画の衣装の形とラインを借用しているため、相変わらず袂や裾は不自然に膨らんだままではある。横たわる善人の側でロウソクをかざす男性の衣装も、若干の違和感を残しながら羽織と着物姿に変わり、髪形も善人と助手同様に、辮髪からチョンマゲへと変化している。妻の側で祈る三人の子どもたちのうち、両側の男子二人も

また、着物姿とザンギリ頭に整えられている。中国人の神父は、ド・ロ神父やプティジャン司教を思わせる濃い髭をたたえた西洋人に変わり、おそらく衣装についてはしっかり監修がなされたと推察する。

ところで、注目すべきは、母親に支えられて中央で祈りを捧げる「唐子(からこ)」の存在である。兄弟と思しき両側の男児同様、衣装は無地の着物と帯に変えられてはいるが、頭上には中国風の「双髻(そうかん)」と呼ばれる二つの丸髷を結い、画面全体に可愛らしいアクセントを添えている。5点のなかでは、先に触れたとおり〈悪人の最期〉のほか〈人類の復活と公審判〉にも唐子は描かれている。

ここで、中国原画に登場する聖人および西洋人以外の人物をことごとく「日本」化するなか、あえて唐子姿の子どもを残したのはなぜか。それは、ド・ロ神父の意志というよりは、むしろ日本文化に精通した絵師の判断によるもので

ド・ロ版画〈善人の最期〉(大江天主堂蔵)
=口絵5

図7 『教要六端全図』金陵天主堂蔵板、1869年

はないかと考えられる。なぜなら、当時の日本において、唐子姿の子どもは、必ずしも中国人を意味したわけではないからである。

　中世から近世にかけての子どものイメージ史を研究する黒田日出男は、〈洛中洛外図屏風〉をはじめ数々の風俗図における描写をもとに、頭上の左右に丸髻を結った「双髻」や天辺に丸い髻一つの「髻(けい)」は、付け紐の小袖を身に着けた9歳以下の子どもたちに特徴的な髪形であったと指摘している。そして、その唐子スタイルは、中国趣味の影響による絵画表現のみに止まらず、16世紀中葉頃を中心とした1世紀ほどの日本社会で、子どもの愛らしい姿の表現として実際に流行していたであろうと推測する。さらに18世紀になると、唐子髻に加え、中国由来の腹掛けを着けた「唐子」姿の日本の子どもたちが絵画の世界に大量に現れてくるようになる。浮世絵にも頻繁に描かれたとおり（図8）、実際に幼児の髪形は、髪の毛の一部を残して剃り上げるのが普通となった。毛の残し方によって、「芥子(けし)」「奴」「唐子」などと呼ばれ、そのファッション化の背景には「招福除災への願いと、海外（中国）流行情報の積極的摂取」が挙げられている。「〈唐子〉は、幼児の可愛らしさの近世的な発見であり、そのイ

図8　鈴木春信〈夏姿　母と子〉（部分）中判、明和頃［くもん子ども研究所編『浮世絵に見る江戸の子どもたち』（小学館、2000年）、138頁］

図9　〈シーボルト妻子像螺鈿(らでん)合子〉のうち"いね"、木製螺鈿、径10.5×高2.4cm、1829年頃、シーボルト記念館蔵［京都国立博物館ほか編『シーボルトと日本』（朝日新聞社、1988年）、79頁］

メージ化であった[45]」と、黒田は総括する。川原慶賀が下絵にたずさわったといわれる〈シーボルト妻子像螺鈿合子〉(らでん)(長崎市・シーボルト記念館蔵)に描かれた、シーボルトの娘いねの髪形もやはり双鬟である(図9)。

　他方、長崎との関係に目を転ずると、「唐子」は地元の人びとにとって長らく親しまれていた存在でもあった。「長崎版画」や、平戸藩の御用窯であった三川内焼の題材としてお馴染みである。中国伝統の幸福と繁栄の象徴としてのみならず、女性にも子どもにも親しみの持てる愛らしいイメージとして、ド・ロ版画の絵師は「唐子」姿の子どもを意図的に採り入れたのであろう。

　さて最後の1点、キリストの「最後の審判」を表した〈人類の復活と公審判〉(口絵3)には最も多彩な庶民像が描かれ、当時の風俗との関係を探るには格好の資料である。
　輝く光に包まれた真っ赤な十字架を背景に、玉座に腰かけるキリストと、その右手には聖母マリア。上部を天使たちが取り巻き、左右には聖人や殉教者という祝福された人々が並ぶ。画面中央部では大天使ミカエルがラッパを吹くなか、選ばれた死者たちが棺から天上へ向かって次々と手を伸ばし、立ち上がる。全体の構図を見ると、中国版(図10)では大きく描かれていた悪魔が後景に小さく退き、地獄の割合が大幅に増している。その分、棺の数を増やし、人物一人ひとりを大きく描くことに成功している。画面中央から下半分は〈煉獄の霊魂の救い〉同様、絵師のオリジナリティーが最も発揮されている場面である。
　原画では中央左端で赤ん坊を抱き上げている天使は、右へ移動している。赤ん坊の衣装は着物と帯に変わっているが、髪形は唐子スタイルである。ラッパを吹くミカエルの側で天使に導かれている中国の官吏らしき男性は、ド・ロ版では丸髷を結った女性に変化している。帯の形と着物のひだの陰影描写が洋画風である。右手にはなぜか剣を携えている。これは、聖アグネスなどローマ時代初期に剣で刺殺された聖女が、剣を持ち物として描かれることになぞらえているのだろうか。その左隣で杭に縄で繋がれ、天使に助けられている男性は、おそらく殉教キリシタンであろう。その他にも、普遍的な殉教者のシンボルである棕櫚の葉を手にして立つベール姿の女性、十字架を持つ男性など、審判によって天国行きに選ばれた人々はいずれも殉教者のようだ。
　他方、画面の下部に目を転じると、黒い悪魔たちに襲われている地獄行きの

図10 〈世界終尽降臨審判生死〉『聖教聖像全図』、1869年

ド・ロ版画〈人類の復活と公審判〉（大江天主堂蔵）＝口絵3

人々にはそれぞれ事情があるらしい。右端の男に対して、悪魔は冠を見せながら、「くらゐハ いま なんの 江きぞ」と書いた紙を示している。同様にその隣の男には、金子の束を見せながら、「たからハ いま なんの 江きぞ」と脅している。さらに、その隣で気難しそうに頬杖をつくザンギリ頭の男に対しては、「おのれの あにまを たすくる 事を 志らず」と、実はかくれキリシタンにとっては決定的な一言を発している。潜伏キリシタン、そしてその伝統を受け継いだかくれキリシタンにとって、神話的伝承である『天地始之事』に説かれたとおり、「貪欲」や「我欲」といった欲望に満ち溢れた世界は忌むべきものであった。反面、現実の暮らしにおいては、生きるために財産や名誉を必死で守り続ける人々もいただろう。また、「あにまのたすかり」とはキリシタン伝来用語で「霊魂。死後霊魂が神のもとで永遠の生命に入ること」

第4章　ド・ロ版画にみる日本イメージの受容と展開

を意味し、霊魂は「知恵と自由意志をそなえた精神的存在」であり、「人間のあらゆる生命活動の根元として理解された」という。外海・五島・長崎系の潜伏キリシタンの伝来書である『こんちりさんのりやく』の冒頭には、次のようにある（下線は引用者）。

　　人の上に大事の中の一大事といふわ、あにまのたすかるといふ事。これによつて一さい人間の御たすけ手にてまします御身ぜすゝの御金言に、「いかに人、遍界をたな心に握るといふとも、其身のあにまをうしなわば何の益ぞ」とのたまゑり。又「あにまのたすかりをば、いかなる財宝にも、豈かへぬや」とのたまゑり。

すなわち、ここでは「滅びる肉体よりも永遠の魂の救済が大事」という言葉が強調されている。図の場面では、無信心者はもとより、特にかくれキリシタンに対し、先祖伝来の教えに背くような言動を慎むよう、直接的に戒めていることがわかる。なお、1871（明治4）年に散髪脱刀令が出されてから一般に流行したザンギリ頭の男性は、文明開化を象徴する新思想の持ち主、あるいは異教徒として描かれている可能性がある。

一方、最下部左端で蛇に巻かれ赤い涙を流している女性は、長崎の花街丸山の遊女であろう。格子柄の小袖に襦袢の真っ赤な衿元が目を惹く。島田髷に飾られている沢山の簪は、長崎の名産として当時からよく知られていた鼈甲と思われる。丸山遊女の簪や櫛は殊に見事だったという。遊女の髪については、〈煉獄と霊魂の救い〉〈善人の最期〉に登場する女性たちの髷髪同様、とても精細な質感で描き込まれている。衣装に見られる西洋風の大胆な陰影描写とは極めて対照的である。

永見徳太郎は、先に紹介した「長崎版画切支丹絵の報告」の中で、大浦天主堂で一連のド・ロ版画を目にした時の感想を次のように述べている（下線は引用者）。

　　「天国と煉獄」「善人の最後」「悪人の最後」「公審判」の人物は、浦上独特のシヤツが描かれてあるなぞ、注目す可きである。又神以外の描かれた

人物が日本人であり、チヨン髷、ザンギリ頭がゐるのは、明治初期の風俗が點頭されやう。[49]

ド・ロ神父と絵師が日本版の制作を構想した際に、どこまで当時の長崎風俗を参照したか、今日では厳密な証明は難しい。しかし、墨摺の中国版を基に着彩するにあたり、配色は当然ながら大きな課題であっただろうと思われる。特に衣装の柄・模様は版木に彫られていない。そこにある程度の時代性・土着性を見いだすことができるのではないだろうか。

図11 〈諸工職業競　舶来仕立職〉錦絵、1879（明治12）年、国文学研究資料館（日本実業史博物館コレクション）蔵

江戸期から明治期における長崎人の服飾は、多少外国風俗の影響を受けると同時に、舶載品の輸入によって一つの特色をなし、また一方においては三都（京・大坂・江戸）の影響を受けて調和を得ていたといわれる。[50]では、キリシタン農民の肌着・普段着・外出着はどうかといえば、木綿がもっぱらで、紺織り、縞、絣が主流だったが、自給することはできなかった。節約して蓄えた米との物々交換によって手に入れたり、古着の着用も多かったりしたという。[51]ド・ロ版画には、永見が目を留めた、ポルトガル由来のボタン付き木綿シャツを着用した和洋折衷姿が特徴的に描かれている。

1874（明治7）年にお雇い外国人として来日した英国人化学者、ロバート・ウィリアム・アトキンソン（1850-1929）は、日本に藍染めの衣類が多いことに注目し、「ジャパン・ブルー」と名付けた。ド・ロ版画においても男女の着物のほとんどが青、または薄青色に塗られている。模様は、舶載木綿の柄にならって全国的に流行した縞模様をはじめ、絣、格子柄が主で、時代の特色がよく現れている。明治の新職業の一つ、舶来仕立職といわれる洋服屋を描いた錦

絵にも、やはり縞や格子柄の着物を着用した職人たちの姿が見られる（図11）。それに比べると、お告げのマリア修道会所蔵の作品（口絵10）に見られる着物は、柄については縞・絣・格子が踏襲されているものの、色は、青に限らず、緑、薄桃、赤、茶など多彩で、やはり後年の作と言えるだろう。

　長崎の郷土史研究家・古賀十二郎（1879-1954）は、1921（大正10）年の論考の中で、慶長末年（17世紀初め頃）に長崎で行われたキリシタン聖体行列の様子から、カトリックにおける主要な服飾と色の関係を独自に整理し、次のように紹介している。▶52

　　　紫色－待降節、四旬節、四季、辜なき嬰児の殉教の祭などの際に用いら
　　　　　れる。
　　　白色－清浄や洗礼などを意味し、耶蘇、聖母、天使、公奉者などの祭に
　　　　　ゆかりある色。
　　　赤色－鮮血の色であるとともに火炎の色。耶蘇の苦難、使徒の殉教、そ
　　　　　の他聖人福者たちの殉教などを表す色。
　　　青色－希望の光の色。「吾主公現」の八日めより七旬節の前までの日曜
　　　　　日などに用いられる。
　　　黒色－耶蘇の死去を記念する聖金曜日に使われる色であると同時に、葬
　　　　　儀の際または死人に関する祭式に用いられる色。

以上の5色がすなわち正色というべきもので、それ以外に桃紅色を使用してもよい場合があると述べている。この時代認識に照らせば、ド・ロ版画（初期〜早期作）全体の基調を成す青色は、確かに当時日本人の服飾の基準色であったであろうが、そこには、聖母マリアを象徴する青色のマントとも共通する「希望の光」の意味も込められていたのではないだろうか。

　本節の終わりにあたり、大胆な仮説を2点だけ提起しておきたい。
　1点めは、教理用版画5種のうちでは、〈悪人の最期〉が最初に制作された可能性が高いのではないか、ということである。中国の原画を取り寄せ、まずは試験的にある程度まで原画に忠実に日本風に直してみたのが、この一枚だったのではないだろうか。対照の図様となる〈善人の最期〉と比べても、建具等

の細かな造作は同じだが、日本風俗のアレンジに今一つ不慣れな甘さが目立つというのが大きな理由である。

　もう1点は、家屋の設え等の描写表現を見る限り、関わった絵師の一人に宮崎惣三郎がいたのではないかということである。お告げのマリア修道会蔵で、現在ド・ロ神父記念館に寄託されている農耕図や設計図などは、ド・ロ神父に依頼された「長崎区酒屋町」在住の宮崎惣三郎が描いており、署名も残っている。片岡弥吉によると、ド・ロ版画の絵師については「酒屋町に住んでいた画人」という伝承が大浦天主堂にあるといい、当時酒屋町に住んでいた川原慶賀の孫かといわれる田口蘆慶を想定する説もある。[53]しかしながら、ド・ロ神父設計による授産場のスケッチ画に見られる精細な筆致（図12）に、〈悪人の最期〉〈善人の最期〉の建具描写との共通性があるように思われてならない。なお、宮崎惣三郎の詳細な経歴については、残念ながら不明である。

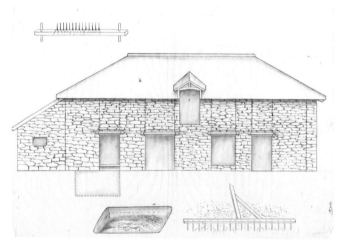

図12　画・宮崎惣三郎、お告げのマリア修道会（旧出津救助院）蔵

結び——中国での宣教と日本での宣教

　「ド・ロ版画」を使用した絵解きは、出津修道院をはじめとして、のちに統合された長崎県の修道会を中心に、1960年前後まで続いていた。[54]ただし、そ

の時代になると、版画自体は知られていたものの、その絵解きへの使用は、当事者と一部の聖職者にしか知られていなかったという[55]。絵解きは当然ながら、絵図と語りの両方があって成り立つものである。「ド・ロ版画」の場合、ド・ロ神父の実際の語りの内容を示す文献資料が残っていないことが惜しまれる。しかし、図像を解読する限り、ド・ロ神父は版画制作において、仏教や神道、日本古来の民間信仰に配慮しつつ、地元民に馴染みの深い長崎の風俗・文化を画面の随所に取り入れていることが判明した。特に、潜伏キリシタンからかくれキリシタンへと受け継がれた教義についてよく研究しており、かくれキリシタンに対し、精神面からの深いアプローチに努めた様子が窺える。かくれキリシタンにとっての神であった聖母マリア以上にキリストと十字架の神格性を前面に押し出していることも特筆に値する。一方で、善悪をはっきり理解させるためのやや大げさな描写や、可愛らしいイメージの取り込み、仮名文字の使用など、主たる対象者には女性や子どもが含まれていた様子も知ることができる。ド・ロ神父が、何よりも万人にとっての"わかりやすさ""親しみやすさ"を第一義としていたことは明らかであろう。

　1540年にイエズス会が公認されてから、フランシスコ・ザビエルが来日する49年までの間に開かれたトレント公会議（1545-63）において、カトリックは新教に対抗する手段として、キリスト像、マリア像、諸聖人像を積極的に布教に利用する方針を打ち出した。聖書の内容を言語によらず、視覚を通して情緒に訴えて理解させることをねらったものだ。中世カトリックで文盲の民衆のために視覚言語を重視したのとは、一線を画する。若桑みどりはこれを「想像力が重要だと考えた点で、信仰に至る道を感覚によって導くという新たな時代」[56]と定義した。

　キリスト教の日本での布教にあたってはまた、日本の文化・風習・思想を大切にしようというのがザビエル以来の伝統であった。仏教的なものにも強い関心を持ち、キリシタン用語についても、例えば「デウス」を「大日」に置き換えるなど、当初は仏教用語をいくつも転用している[57]。一方、中国においても、16世紀後半から渡航してきたマテオ・リッチを代表とするイエズス会宣教師たちが徹底した適応主義を採用した。自ら中国服を身にまとい、中国語を学び、キリストの図像さえも中国風に変えた。画中の衣服や建築物も中国風にし、雲

の描写にも伝統的な雲文を採用している。内田慶市はそれを「文化の翻訳」と名づけている。[58]

　このように、カトリックの宣教師たちがその文化や思想に一定の敬意を表し、聖画像の制作にあたっても土着性を強く意識したという点で、日本と中国における布教方針は共通していた。しかし、日本で制作されたド・ロ版画と、原画である中国版を比較したとき、そこには確たる違いを見出すことができるのではなかろうか。何かといえば、それは西洋画法の受容の仕方である。

　日本人と中国人の絵画観の違いについては、興味深い論考がある[59]。それによると、マテオ・リッチが活動していた時代、中国人は写実性の強い絵画に対し、「精神性の欠如したもの、下品なもの、不気味なもの」として嫌悪の情を示す傾向があった。それに気づいたリッチは、厳格に様式化され写実性に乏しいビザンティン系の図像をわざわざ取り寄せた可能性があるという。一方、日本のキリシタン美術の遺品中で、明らかなビザンティン様式は、元長崎奉行所宗門蔵保管で現在は東京国立博物館所蔵の「聖母子像（雪のサンタマリア写し）」（図13）1点のみといわれる。新関公子は、「中国人の厳格な絵画観に対し、日本人が柔軟で情緒的な傾向を好むことは素早く伝道師たちに理解されたに違いない」と推定する。そして、人間らしい表情や身体のボリューム描写という点で、日本人好みを代表する作例として、ジョヴァンニ・シドッチ神父が1708年に禁教令下の日本に持ち込んだ「聖母像（親指のマリア）」（図14）を挙げている。

　本章では、原画である中国版のさらに原典とみられるヨーロッパ版画とド・ロ版画との直接的な比較は行っていない。しかし、1868年作の中国版を見る限り、少なくとも当初は、ヨーロッパ原画の様式はそのままに、衣装や髪形、建物等を表面的に中国風に変更しただけで、人間の表情や身体性、陰影や遠近法にはさほど関心を払わなかった、あるいはむしろ意図的に避けたように思われる。あたかも、河野実の以下の指摘そのままのようである。「中国絵画には古くから、中国独自の遠近、陰影法があり、中国独自の芸術美を形成してきている。それから言えば（中略）中国人は陽面を描くことしか必要としなかったのである」[60]。それに対し、ド・ロ版画では、キリスト、マリア、天使など、西洋人の表情や衣装は比較的様式性を帯びているものの、こと日本人の表情や身体描写、着物の柄などにおいては、観者の目を意識した独自の写実性（リアリティー）が追求されている。陰影表現や遠近法も意志的に取り入れている。同

第 4 章　ド・ロ版画にみる日本イメージの受容と展開

図 13　〈聖母子像〉(雪のサンタマリア写し) 金属板油彩、24.2 × 19.4cm、東京国立博物館蔵 (長崎奉行所旧蔵品) [Noriko Kotani, "Studies in Jesuit Art in Japan," Ann Arbor: UMI Dissertation, 2010, p. 350]

図 14　〈聖母像〉(親指のマリア) 銅板油彩、26.7 × 21.5cm、1680 年頃、東京国立博物館蔵 (長崎奉行所旧蔵品) [江口正一編『日本の美術 144 踏絵とロザリオ』(至文堂、1978 年)、14 頁]

じ宗教でも、国・民族・歴史・文化が培ってきた価値観によって伝播イメージに明確な違いが表れることを、ド・ロ版画シリーズは語っている。

〔＊本章は、公益財団法人 DNP 文化振興財団「2018 年度 グラフィック文化に関する学術研究助成」による成果の一つでもある〕

§ 注

▶1　本章では、図像分析の便宜上、本作品5点を基準とする。絵師・彫師は不明で、明治期の作と推定されるが、制作年代を特定する記録がなく、最初期の作とは言いがたいことを断っておく。

▶2　中村近蔵「明治初年の開拓者ド・ロー師を憶ふ（一）」『声』No. 810（1943年9月）44頁。

▶3　原聖「日本に入ったキリスト教絵解き」『キリシタン文化と日欧交流』【アジア遊学127号】 勉誠出版、2009年、197頁。

▶4　永見徳太郎『長崎乃美術史』夏汀堂、1927年（復刻版：臨川書店、1974年）162頁。

▶5　同版画裏打ち布裏面の貼紙には、同版画5点は1981（昭和56）年に牧野元修道院住家より発見され、ド・ロ神父記念館（旧出津修道院）に寄託されたとある。久志ハル子・お告げのマリア修道会会長によると、その後、2008年頃に同修道会に移管された際に修復した専門家は、「植物系」の絵具が使用されていると述べたという（2018年6月29日お告げのマリア修道会調査時の談話から）。

▶6　樋口弘編著『長崎浮世絵』味燈書屋、1971年、93-94頁。

▶7　同。

▶8　永見徳太郎「長崎版画切支丹絵の報告」『浮世絵界』第3巻第3号（1938年）5-13頁。

▶9　前掲、樋口弘編著『長崎浮世絵』94頁。

▶10　前掲、永見徳太郎「長崎版画切支丹絵の報告」12頁。

▶11　前掲、永見徳太郎『長崎乃美術史』163頁；前掲、樋口弘編著『長崎浮世絵』16頁。

▶12　前掲、樋口弘編著『長崎浮世絵』16頁。

▶13　前掲、永見徳太郎『長崎乃美術史』163頁。

▶14　「合羽摺」とは、型紙に色つけする部分を切り抜き、その型紙を墨一色摺の版画の上に当て、切り抜いた場所を絵具によってさっと塗り上げる技法。江戸時代には特に上方で発達し、「長崎版画」彩色法の特色の一つともされる。筆彩と合羽摺との併用もあったという。前掲、樋口弘編著『長崎浮世絵』21頁。

▶15　同、14頁。

▶16　ヴァスール師が制作した教理布教用版画は、1869年から1900年代までの30年以上にわたって中国やフランスで出版された文献に紹介され続けていたことが判明した。文献によって図様は少しずつ異なり、例えば〈地獄〉図だけでも、墨摺・彩色を合わせ、六つのバリエーションが確認されている。本章で引用するのはそれらの文献のうち、ド・ロ神父の版木制作以前の1868年作（出版は1869年以降）のものである。

▶17　以上の三人が、〈磔刑図〉では最も一般的な組合せとされる。ただし、「芸術家は、十字架の足元に描く人物を選出するにあたり、四福音書を典拠とした」という解説もあ

り（J・スピーク著、中山理訳『キリスト教美術シンボル事典』大修館書店、1997 年、62 頁）、例えば「ヨハネによる福音書」の一節（19:25）「イエスの十字架のそばには、その母と母の姉妹、クロパの妻マリアとマグダラのマリアとが立っていた」（『新約聖書』新共同訳）から、右端の人物は女性の可能性もある。

▶ 18　前掲、『キリスト教美術シンボル事典』220 頁。
▶ 19　本図の存在については、国際日本文化研究センター共同研究・科学研究費補助金基盤研究（A）研究会「多文化交渉における〈あいだ〉の研究」（2018 年 7 月 28 日）にて、「「あいだ」のイメージ──キリシタン時代を通じて」をテーマに発表された滝澤修身長崎純心大学教授よりご教示いただいた。
▶ 20　西岡亜紀も以下の論考で指摘している。「宣教師が運んだフランス：長崎 築地 横浜の近代」『比較日本学教育研究センター研究年報』10 号（2016 年）18-19 頁。
▶ 21　鷹巣純は、〈立山曼荼羅〉を一種の「聖域景観図」と指摘する。鷹巣純「総説　日本人と地獄のイメージ」『富山県［立山博物館］開館 10 周年記念資料集　地獄遊覧──地獄草紙から立山曼荼羅まで』富山県［立山博物館］2001 年、7 頁。
▶ 22　佐々木哲哉ほか『九州の民間信仰』明玄書房、1973 年、123-125 頁。
▶ 23　『パリ外国宣教会年次報告Ⅰ（1846 ～ 1893）』松村菅和・女子カルメル修道会訳、聖母の騎士社、1996 年、51 頁。
▶ 24　長崎県教育委員会編・発行『長崎県のカクレキリシタン──長崎県カクレキリシタン習俗調査事業報告書』1999 年、176 頁。
▶ 25　堂崎天主堂キリシタン資料館所蔵の〈悪人の最期〉（口絵 13）も、大江天主堂本（口絵 1）と同様、古風を醸す彩色ではあるが、天狗の色は異なり、茶と赤に塗られている。また、画面の一部には金色も使用されている。堂崎天主堂本（口絵 13 ～ 15）については一時散逸し、1973 年に 3 点のみが五島福江市宮原地区の信徒宅で偶然発見された後、修復されたという。異なる色付けは修復された際になされた可能性もある。
▶ 26　土井忠生ほか編訳『邦訳日葡辞書』岩波書店、1980 年、645 頁。
▶ 27　紙谷威広『キリシタンの神話的世界』東京堂出版、1986 年、52-53 頁。
▶ 28　中村博武『宣教と受容──明治期キリスト教の基礎的研究』思文閣出版、2000 年、64-65 頁。
▶ 29　柳宗玄・中森義宗『キリスト教美術図典』吉川弘文館、1990 年、357-358 頁。
▶ 30　同、357 頁。
▶ 31　本節で比較対象とする中国版は、先述の通り、ド・ロ版画に先行する 1868 年作である。実は 2018 年 6 月に調査を行った際、お告げのマリア修道会所蔵の中国から輸入したと思われる版画類の中に、ド・ロ版とそっくりの図柄を持つ墨摺が見つかった（口絵 30）。同図は、1889 年以降（推定）にパリで出版された図版集にも掲載されている（図

15）。仮にド・ロ版〈地獄〉の原画と推定すると、図6とあまりにも図様が異なり、同時期に同じ対象者に向けて、まったく別の2パターンを制作したとは考えにくい。あるいは、ド・ロ版の図様を参考に、後にヴァスール師が制作したものであろうか。今後の研究課題の一つとしたい。

▶ 32 　中国版の数々のバリエーションの中には、両手首を鎖で繋がれた男性を描いたものがある。
▶ 33 　原聖「キリスト教絵解きと日本」『立教大学日本学研究所年報』No. 2（2003 年 3 月）141 頁。
▶ 34 　原聖「ドロ神父の絵解き」『女子美術大学紀要』26 号（1996年）83 頁。
▶ 35 　五来重『日本人の地獄と極楽』人文書院、1991 年、62 頁。
▶ 36 　前掲、『パリ外国宣教会年次報告 I（1846 〜 1893）』63 頁。
▶ 37 　同、155 頁。
▶ 38 　前掲、『長崎県のカクレキリシタン――長崎県カクレキリシタン習俗調査事業報告書』182、187 頁。
▶ 39 　原聖「キリスト教絵解き宣教師たちを追って」『ふらんぼー』22（1995 年）104 頁。
▶ 40 　片岡弥吉『ある明治の福祉像　ド・ロ神父の生涯』日本放送協会出版、1977 年、67 頁。
▶ 41 　同時期の彩色と思われる堂崎天主堂本（口絵 15）では、意外なことに十字架の色が異なっている。助手が手にしているのはベージュ、机上の十字架は黒色に塗られている。注 25 に記したように、修復の影響によるものか定かではない。
▶ 42 　黒田日出男「中世日本の唐子―子どものイメージ史のために」『教育学年報』8 号（2001

図15　*Album des Mélages sur la Chine*、1889年以降（推定）

年）295-297 頁。

▶ 43　黒田日出男「〈唐子〉論―歴史としての子どもの身体をめぐって」東京国立文化財研究所編『人の〈かたち〉人の〈からだ〉――東アジア美術の視座』平凡社、1994 年、82-84 頁。

▶ 44　くもん子ども研究所編著『浮世絵に見る江戸の子どもたち』小学館、2000 年、210 頁。

▶ 45　前掲、黒田日出男「〈唐子〉論―歴史としての子どもの身体をめぐって」、94 頁。

▶ 46　片岡弥吉校注「こんちりちんのりやく」『キリシタン書　排耶書　日本思想大系 25』岩波書店、1970 年、362 頁。

▶ 47　同。

▶ 48　前掲、中村博武『宣教と受容――明治期キリスト教の基礎的研究』225 頁。

▶ 49　前掲、永見徳太郎「長崎版画切支丹絵の報告」13 頁。

▶ 50　長崎市役所編『長崎市史風俗編』上巻、長崎市役所、1925 年、705 頁。

▶ 51　木場田直『キリシタン農民の生活』葦書房、1985 年、125 頁。

▶ 52　前掲、長崎市役所編『長崎市史風俗編』上巻、727-728 頁。

▶ 53　前掲、片岡弥吉『ある明治の福祉像　ド・ロ神父の生涯』66 頁；越中哲也「表紙のことば　ド・ロ版画（一）」『長崎談叢』第 65 輯（1982 年）参照。なお両文献には、酒屋町には当時、シーボルトと関係の深い川原慶賀の孫にあたる田口蘆慶も住んでおり、永見徳太郎は同版画の絵師を田口蘆慶と推定していた、とある。川原慶賀も、その息子で、蘆慶の父とされる田口蘆谷も「長崎版画」の下絵制作に関わっており、ド・ロ神父と田口蘆慶の接触の可能性は考えられるが、蘆慶の詳細な経歴と作例が不明な現時点では判断しがたい。

▶ 54　前掲、原聖「日本に入ったキリスト教絵解き」194 頁。

▶ 55　同、196 頁。

▶ 56　若桑みどり『聖母像の到来』青土社、2008 年、85 頁。

▶ 57　岸野久の研究によれば、来日前のザビエルは、日本の宗教を安易にキリスト教と対比することに批判的で慎重であったという。したがって「大日」の採用には、あえてキリスト教と仏教との対話の架け橋としようとした意図があったと指摘する（岸野久『西欧人の日本発見――ザビエル来日前日本情報の研究』吉川弘文館、1989 年、201-205 頁）。郭南燕『ザビエルの夢を紡ぐ――近代宣教師たちの日本語文学』平凡社、2018 年、39 頁も参照のこと。

▶ 58　内田慶市・柏木治『東西文化の翻訳――「聖像画」における中国同化のみちすじ』関西大学東西学術研究所　訳注シリーズ 14、関西大学出版部、2012 年、1 頁。

▶ 59　町田市立国際版画美術館・河野実編『「中国の洋風画」展――明末から清時代の絵画・版画・挿絵本』（町田市立国際版画美術館、1995 年）における新関公子による記述

（113-117 頁）。
▶60　河野実「民間における西洋画法の受容について」前掲、町田市立国際版画美術館・河野実編『「中国の洋風画」展―明末から清時代の絵画・版画・挿絵本』16 頁。

column 2 五島列島のド・ロ版画と堂崎天主堂

野下 千年

五島列島におけるキリスト教の伝播

1549年のフランシスコ・ザビエルの鹿児島上陸から17年間経った66年に第18代五島藩主宇久純定の招きで、イエズス会宣教師で医師であるルイス・デ・アルメイダと平戸生まれの日本人琵琶法師で修道士のロレンソが、五島に渡来しました。病気がちな純定はアルメイダによる治療を受けて、まもなく治癒したため、キリスト教の伝道の許可を与えました。

翌1567年にその次男純尭が受洗して、1576年に第19代藩主(キリシタン大名)となりました。五島のキリシタンは2,000余名となり、教会の最盛期を迎えました。しかし、3年後、純尭は35歳で亡くなり、秀吉の禁教令による弾圧が始まり、五島は信仰の受難の時代を迎えました。

1597年、長崎で26人のキリシタンが殉教しました。この日本二十六聖人の中の一人がヨハネ五島で、五島で生まれ育った19歳の若者でした。これに続いて五島各地でも殉教者を出すほど迫害は激化し、五島のキリシタンは衰微していきました。

1797年、第28代藩主の五島盛運は、大村藩主の大村純尹に農民移住を要請しました。この時、信仰の自由と安住の地を求めて、約3,000人のキリシタンが移民し、五島に再び信仰の火を灯しました。移民たちは山野を開き、仏教徒を装いながら弾圧を耐え忍びました。キリシタン移民たちは奥浦

堂崎天主堂の庭にあるレリーフ「アルメイダ」

堂崎天主堂の庭にあるブロンズ像「ヨハネ五島」

地区や岐宿楠原地区に定住しました。
　1873年、明治政府によって禁教高札が撤去されて、信教が黙認されました。77年パリ外国宣教会士たちが各地に派遣されました。マルマン神父が五島へ来て、堂崎の浜辺で五島初のクリスマス・ミサを捧げたのは、先祖代々、神父の来島を待ちこがれた信徒たちにとって最上の喜びの瞬間でした。その後、堂崎を司牧活動の拠点として、1879年に堂崎小聖堂を建立し、初代主任司祭となりました。
　マルマン神父は翌1880年、堂崎小聖堂のすぐとなりに「子部屋」という養護施設を作りました。当時、「育児制限策」のため、多くの子供が間引かれていました。神父は、捨てられた子供、間引かれそうな子供、障害をもつ子供をここで育てることにしたのです。ここは保母になる地域の女性たちに教育を施す場所でもありました。保母たちは子供たちを抱っこしながら、ガラス越しにミサ聖餐にあずかりました。
　信徒増加のため、聖堂と「子部屋」の拡大が必要となりました。1888に着任した後任のペルー（ペリュー）神父は母親からの支援で土地を購入して、1904年に奥浦湾を見下ろす丘の上に「子部屋」を新築し、「奥浦慈恵院」と命名しました。これは日本初の児童養護施設で、政府に頼らず、すべて自力で子供の養育を行いました。ここは、養育事業に奉仕する若いキリシタン女性による修道院の発祥地でもあります。
　1969年の長崎国体に昭和天皇・皇后両陛下が参加なさる際、「奥浦慈恵院」を訪問し、児童養護への修道女たちの多大な貢献にお礼の言葉を述べられました。私はその時、両陛下をお迎えし、ご案内いたしました。このように堂崎地域は、児童福祉と社会福祉の草分け的役割を果たした場所であり、キリスト教の「愛」を実践し、育成してきた中心地です。長崎地方の修道女たちの共同体は、1956年に「聖婢姉妹会」として統合されました。1975年に教皇庁の認可を受け、正式修道会となり、名称は「お告げのマリア修道会」と改められました。
　1904年、ペルー神父はまた小聖堂の用地を拡張し、海岸沿いに現在の赤レンガ造りの新聖堂の建築に着手し、08年に完成させました。外観はゴシック様式に仕上げられ、内部は木造でガラス窓とコウモリ天井（リブ・ボールト）の洋風建築の教会堂です。これはかつて五島布教の中枢教会であり、1566年から1960年代まで約400年余りの歴史をもつ五島キリシタンの「出会い」「受難」「復活」を語り伝える貴重な建築物です。

堂崎天主堂の保護とド・ロ版画の発見

　五島列島の福江市に新築されたカトリック浦頭教会を中心に、浦頭小教区が1968年9月15日に創設されました。私は、1年間のマニラ留学を終えて日本に戻ってきてから、1969年に浦頭小教区の主任司祭として赴任し、81年（ヨハネ・パウロ2世の訪日の年）まで務めました。

[コラム2] 五島列島のド・ロ版画と堂崎天主堂

近くの堂崎天主堂が老朽化したため、解体・撤去されることになりました。しかし、堂崎天主堂は明治期の建造でしたから、県の文化財保護条例によって保護される可能性がありました。当時は建造年月が分からなかったので、それを示す文書を探してみましたが、なかなか見つかりません。しかも撤去の作業がまもなく始まります。棟梁だった鉄川与助さんに聞いてみても、入院中だったので、建造年月を正確に教えてもらえませんでした。

教会の献堂証明書はきわめて重要なもので、見つからないはずはないと思いました。私は根気よく探し回りました。ある日、堂崎天主堂の祭壇の後ろにある聖器室の古いタンスの引き出し

堂崎天主堂

を開けてみました。古い司祭服が置かれて、それにくるまれて何か固いものがあって、開けてみると額縁が出てきました。「堂崎天主堂祝別式証書」（ラテン語）が納めてあり、その祝別式の日付は1908（明治41）年5月10日となっています。これで堂崎天主堂の年齢がわかり、「明治建造物」として保護されるようになり、修復用の助成金もいただけることになりました。1974年4月9日に長崎県教育委員会によって正式に「長崎県有形文化財」に指定されました。

私は五島に赴任した14年の間、福江市教育委員会委員長を8年間担当し、堂崎天主堂の修復と、キリシタン遺物を保存するための「キリシタン資料館」の設置の必要性を主張し、奔走しました。そして、広く信者たちに向けて、家にある歴史的価値のある品物の寄贈を呼びかけました。1973年のある日、戸岐町宮原の宮崎さんという女性が夫の家を改築するにあたり、古いガラクタに火をつけようとしたところ、通りかかった人が、そこから掛け

堂崎天主堂祝別式証書（堂崎天主堂キリシタン資料館所蔵）

143

軸らしいものが突き出しているのを抜き出してみたら、絵だったのです。彼女はそれを燃やさずに保存して、私に見せてくれました。3枚の木版画でした。

　戸岐町宮原の宮崎家は、宮原教会（巡回教会としての建立時期は不明だが、改築は1971年）からわずか百メートルしか離れていません。明治初期、宣教師から教えを受けた伝道婦（教え方さん）が巡回宿泊し、宮原教会でカトリックの教理や子どものしつけなどを説いていました。ド・ロ版画を使って教会で教理を教えていた伝道婦が、近くの信徒の家に預けたのではないかと考えられます。版画などを背負って巡回した伝道婦のことを覚えている信徒もいました。

　ド・ロ版画は、明治初期に日本人絵師に作らせた木版聖教画で、主要教会や布教所に配られて、聖堂用掛け軸として、また宗教教育の教材として用いられたものでした。

　1937年生まれの私は、大浦天主堂のラテン神学校の神学生だった時（1949～51年）、神学校の寝室の奥の

ド・ロ版画が発見された宮原教会付近の宮崎家

仕切られた場所にパリ外国宣教会の宣教師たちの持ち物とともに大きな黒い墨跡が残る版木が数枚置かれているのを見ました。

　1963年に神父になってから、数年後に天草に行って、カトリック本渡教会の左右の壁に墨摺りの10枚の聖画が飾ってあるのを見て、キリシタン研究家の片岡弥吉先生にこの版木と聖画の関連性について話してみました。片岡先生はこれを見て、神学校にある版木のプリントではないかと気づきました。

　宮崎家で見つかった3枚は、彩色付のド・ロ版画であることがわかりました。

　この3幅（紙本着色掛幅装）は「悪人の最期」「善人の最期」「最後の公審判」（口絵13～15）で、破損していましたので、修復が必要でした。文化庁の紹介により京都の絵画修復の専門業者に依頼して、色や顔料成分を丁寧に調べていただき、原型に忠実な状態に復元していただくことができました。1977年1月11日、長崎教育委員会によってこちらも「長崎県指定有形文化財」に指定されました。

　教区の先輩司祭や堂崎地区の高齢信徒たちの話によると、これらの版画は教理指導の教材として使われるほか、年間の主な祝祭日などには、聖堂内の柱に掛けて装飾としても使われていたとのこと。

堂崎天主堂キリシタン資料館が伝えるもの

　1977年は、堂崎地区の宣教再開百

[コラム2] 五島列島のド・ロ版画と堂崎天主堂

周年にあたり、天主堂内に「堂崎天主堂キリシタン資料館」を設置して、信徒たちの協力で収集した資料を展示することができました。

資料館には、200点あまりのキリシタン資料があります。ヨハネ五島の遺骨、潜伏キリシタンのオラショ（祈祷書）、マリア観音、教会暦の日繰り、聖なる椿の木の断片、コンタツ（数珠）などのキリシタン遺物は貴重な価値があります。ほかにプティジャン司教とド・ロ神父が発行した「プティジャン版」と呼ばれた数々の書籍もあります。これらの本は、潜伏キリシタンの子孫をカトリックに呼び戻すと同時に、非信者のあらたな入信も意図したものでした。また、幕末・明治初期に中国から輸入したキリスト教漢籍、宣教師たちが使っていた聖書やミサ聖餐の道具、洗礼台帳、堅信台帳、十字架、メダイ、ヨーロッパの教理書と聖画があり、所狭しと展示されています。

堂崎天主堂からおよそ12キロ東方の洋上に浮かぶ椛島（かばしま）は26聖人殉教者のひとり五島ヨハネの出身地と言われ、近年聖人の記念碑も建てられている。1969年わたしが浦頭教会区（旧堂崎教会区）に着任した直後、この島の潜伏キリシタンの帳方（ちょうかた）のひとりから、島で唯ひとり残っていたカトリックの90歳の老婆が死去したので葬儀を行ってほしいとの願いをうけ、村の多数の「かくれ」（潜伏キリシタン）の見守る中で埋葬の儀を行った。

二つの集落からなるこの椛島には15以上の潜伏キリシタンの「くるわ」

「善人の最期」の版木（大浦天主堂キリシタン博物館所蔵）

（組）があったが、その後、後継者不足のため急速にくるわ崩壊が相次ぎ現在皆無となった。

ところが、県の文化財指定を受け堂崎天主堂の復元工事が行われ、ヨハネ五島殉教者の祈念像が境内に設置され、堂内にはヨハネ五島の聖遺骨をはじめ、潜伏キリシタン関連の遺品等が保存展示されていることが椛島の潜伏キリシタンたちの好感を呼び帳方たちのなかには大切に保存してきたお帳箱などを堂崎天主堂キリシタン資料館に

保存を願って提供する者がでてきた。

先祖から引き継いできたお帳箱の中には、おらしょが書かれた和紙、日めくり（教会カレンダー）、洗礼などの儀式書、殉教者に関わる聖遺物などが納められている。後継者がいなくなった今、この聖なる遺物が、自分の死後どうなるのかを思えば、死ぬに死ねないという悩みをかかえていた。堂崎天主堂キリシタン資料館は、彼らをそんな悩みから解放してくれる役目も果たしている。

ところで、大正末期、多くの日本人がブラジルに渡り、土地開墾に勤しみ、艱難困苦の生活を営んでいました。ブラジルの文化庁は、移住した日本人の精神・文化・信仰を指導することのできる聖職者の派遣を、日本の文部省に要請しました。文部省はカトリック教会に相談し、ブラジルへの渡航司祭を3回募集しました。その時、手を挙げた唯一の人が、奄美大島で司牧していた中村長八神父でした。

五島列島奥浦村浦頭の地に1865年に生まれたドミンゴス中村長八は、マルマン神父に認められて神学校に入り、司祭となりました。26年間を奄美大島で過ごしてから、58歳の時、日本人最初のカトリック海外派遣宣教師となり、ブラジルに生涯を捧げました。キリシタン資料館には、その中村神父がブラジルで行った数々の宣教・教育・福祉活動に関する展示コーナーもあります。私がいろいろ調べてきた内容が中心です。中村神父は日本で開花したキリスト教の精神を、ブラジルで結実させた宣教師です。

毎日、多くの見学者が堂崎天主堂キリシタン資料館を訪れています。今、ド・ロ版画3幅はこの資料館に展示されています。さらに、この3幅の複製品は、福江市の五島観光歴史資料館のキリシタン展示室にも展示されていて、多くの観光客の目に触れています。

堂崎天主堂は、2018年6月30日に世界文化遺産に登録された「長崎と天草地方潜伏キリシタン関連遺産」には含まれていませんが、中世キリシタンの伝播史、近世キリシタンの移住史、明治初期の再宣教史において、極めて大きな役割を果たした堂崎小教区の象徴です。私はこの地区で、潜伏キリシタンを何人もカトリックに呼び戻して、洗礼を授けることができました。歴史の証人である堂崎天主堂も、いつか「潜伏キリシタン関連遺産」に含まれることをお祈りしています。

堂崎天主堂キリシタン資料館で、同教会とド・ロ版画との「長崎県有形文化財」指定書を背にする筆者

第5章 ド・ロ版画と関連資料の収蔵状況

内島 美奈子

現在の長崎・旧羅典神学校 地階の様子

　本章では九州各地におけるド・ロ版画の収蔵状況を調査した結果をふまえ、収蔵機関の情報と収蔵経緯について若干の考察を加えて概要をまとめる。ド・ロ版画の収蔵において最も重要な場所は、その制作地であった大浦天主堂である。筆者が勤務する大浦天主堂の付属博物館には多くの関連資料が収蔵されている。この博物館は大浦天主堂キリシタン博物館という名称で2018年4月1日に開館した新しい博物館であり、前身の資料室の時代から大浦天主堂が代々保存してきた貴重な資料の一部を収蔵・展示している。今回博物館として規模を拡大し、その運営は長崎大司教区からNPO法人世界遺産長崎チャーチトラストに委託された。その収蔵資料は2000点を超える。そのなかには、この地がド・ロ版画の制作場所であったという背景から、すべての主題の版木と印刷された複数の版画が含まれている。まずは当館が収蔵する版木と版画の概要をまとめ、その他の収蔵機関についてみていく。

1　印刷事業の地──初代司祭館から旧羅典神学校へ

　ド・ロ神父が取り組んだ印刷事業の場所は、1863年にフューレ神父が建設した初代の司祭館（1915年に現在の旧長崎大司教館に建て替えられている）であった。1868年に印刷事業を開始し、71年に横浜に印刷所が移る。2年後には長崎に戻って印刷事業を同地で再開した後、1875年にド・ロ神父によって設計された神学校の一室で本格的な印刷事業を開始する。この時期に制作されたとされるのが、ド・ロ版画である。

　現在の建物は神学校の役割を終え、1972年に国の重要文化財に指定され、旧羅典神学校と呼ばれている[1]。1980〜81年に創建当初の姿に修復され、資料館として1階部分が公開された。現在では、地階は博物館の総合案内所と映像シアター、1階は展示室、2階は職員の事務・作業室となっている。

　建設当初に設置されたド・ロ神父の印刷室が建物のどこにあったのかは情報が残っていないため定かではないが、地階にあった神学生の食堂（現在の映像シアター）であった場所、もしくは応接室であったとも言われている。ド・ロ神父が後に赴任する出津で神父の片腕となって働いた中村近蔵によれば、神学校完成後の2年の間に活版印刷機を設置し、この時期にド・ロ版画を作成した可能性を指摘している[2]。建物は基本的には神学校として学生が講義を受け、彼らが生活を営む場所であったことを考えると、印刷機や作業の騒音が建物には響かない、地階であった可能性は十分あると思われる。

2　大浦天主堂キリシタン博物館収蔵の関連資料

版木について

　現在、確認されている版木は10種である。1930年代に浦川和三郎によって大浦天主堂で版木の存在が確認されたという。よって、版木は同地でずっと保管されていた可能性は高い。今後の調査が必要であるが、桜材が使用されたと考えられ、4〜6枚がつなぎ合わせて制作され、すべてに添木がある。

　聖人図と絵解き図で版木の大きさの違いがあり、聖人図は一回り小さく、厚みも薄く、持ち上げた印象も絵解き図に比べて軽い。版木の大きさをそれぞ

れ見比べると、《イエスの聖心》と《聖ヨセフと幼子イエス》、《聖ペテロ》と《聖パウロ》の版木はほぼ同じ大きさであり、絵解き図の方では、《悪人の最期》と《善人の最期》がほぼ同じ大きさである。版木の制作過程に関する情報はほとんどないものの、同じ大きさの版木がまとめて制作をされた可能性はあるであろう。

現在の版木の状態は、一部虫食いの跡がみられるものの、保存状態は良好である。なかでも、聖ペテロと聖パウロは、他の版木に比べて墨のてかりが際立っており、この2点だけが新たに刷られた可能性を示唆しているように思われる。

大浦天主堂キリシタン博物館収蔵版画について

筆者が確認をした限りでは、現時点で当館が収蔵するド・ロ版画は23点である（表1）。当館が収蔵するものは、代々大浦天主堂で保存されたものというわけではなく、長崎大司教区に所属する教会で保管された後に移管されているものもある。版画に関する文字資料は現在では確認することが出来ないため、これらの版画がいつ摺られ、彩色されたのかは不明である。

資料の状態から判断する限りでは、墨摺りのものは彩色されているものより新しいものが多いという印象を受ける。彩色されているものは顔料が剥落して

表1　ド・ロ版画の主題別収蔵数（大浦天主堂キリシタン博物館）

主題	墨摺	墨摺彩色	合計
イエスの聖心	2	1	3
聖母子	1	4	5
聖ヨセフと幼子イエス	1	1	2
聖ペテロ	4	0	4
聖パウロ	1	0	1
悪人の最期	1	1	2
地獄図	1	1	2
復活と公審判	1	1	2
煉獄の霊魂の救い	0	0	0
善人の最期	1	1	2
合計数	13	10	23

（筆者調査 2018年10月時点）

図1 ド・ロ版画「聖母子」(大浦天主堂キリシタン博物館蔵)と、その表装(上)。

おり、状態が悪いものが多く、表装の様式も異なっている。

　古いと推測される彩色されたものの表装は、掛け軸の発装と軸木が、その他の掛け軸のものに比べると非常に大きいものとなっている(図1の部分)。とくに発装の部分は、袋に覆われておらず、額縁のような印象を受けるものになっている。これは、堂崎天主堂キリシタン資料館に保管されている3幅と同じ表装である。これが古いものであることを示すのかは、現時点では断定できないものの、特徴的な表装であり、同時期に制作されたものといえるであろう。

　これは他の版画にもみられる様式である。同じタイプの表装は、彩色された《善人の最期》(口絵16〜18)、《最後の審判》、《悪人の最期》、《聖ヨセフと幼子イエス》(口絵28)、《聖母子》である。また、彩色の仕方に注目して同主題のものを比較してみると、いくつかの違いが明らかとなる。

　たとえば、当館が収蔵する4点の《聖母子》は、聖母の青い衣の裏地部分を、緑青のような顔料で塗っているものと塗っていないものがある。また、イエスが履いている中国風の赤地に金色の文様の靴を日本の

草履に変更して塗っているものがある。この緑青のような顔料と朱色の顔料は、ド・ロ版画の彩色のなかでも際立っている。それはイエスや聖母マリアの光輪に使用されていることからも、その色に聖性の意味を付与している可能性も推測される。

　彩色の比較は各収蔵先の版画を見比べると、さらにその違いを指摘することができる。たとえば、《善人の最期》を例にとると、神父のストラの色が異なっている。ストラとは司祭が首から前に垂らす形で着用する祭服の一部であるが、祭服の色にはキリスト教の伝統を遵守することが定められている。ストラの場合は白色か、典礼色の決まりに従うことになっている。典礼色は中世から次第に複雑になり、さまざまな色が用いられていたが、1962～65年の第2ヴァティカン公会議で簡素化された。現在では主に、白、赤、緑、紫の4色のほか、ばら、金、銀が用いられる▶3。《善人の最期》で使用されている色は、収蔵別にみると次のとおりである。

[《善人の最期》のストラの彩色]
・大江天主堂蔵（口絵5、19）…青色
・お告げのマリア修道会蔵5連の掛絵版（口絵12、20）…紫色
・大浦天主堂キリシタン博物館蔵（口絵16、18）…白色
・お告げのマリア修道会蔵の掛幅…青色
・堂崎天主堂キリシタン資料館蔵（口絵15）…白色
・平戸市生月町博物館・島の館蔵…黒色

　白いストラ以外には、紫色や黒色は本主題と関連している。紫は悲しみの色とされ、葬儀などにもちいられる。黒は現在ではあまり使用されないが、葬儀や死者のための祭儀に用いられていた。その他の色では、青色が大江天主堂蔵とお告げのマリア修道会蔵のものにみられる。青色は聖母マリアの色として好まれていたものの、第2ヴァティカン公会議以降に青いストラが描かれたとは考えにくく、他方、第2ヴァティカン公会議で正式に定められた典礼色とされる紫を選択しているものはそれ以降に彩色された可能性もある。さらなる考察が必要ではあるが、彩色の分析によって制作年代をある程度明らかにすることができる可能性を指摘しておきたい。

ヴァスール神父の版画に関する資料について——イエズス会布教方針の影響

　ド・ロ版画に関連する収蔵資料として、イエズス会士ヴァスール神父の版画がある。正確には、ヴァスール神父が1860年代に中国で作成した宣教用のイメージ（image）をもとに制作された版画である。ヴァスール神父が作成したイメージは、先行研究において指摘されているとおり、ド・ロ版画の模範となったものである。実際に中国から持ち込まれたとされるものがお告げのマリア修道会に保存されている。また、ヴァスール神父の挿絵が収録された『救世主実行全図』などの中国イエズス会が制作した書籍類はかつて大浦天主堂付属の神学校にも保管されていた。現在は長崎歴史文化博物館や九州大学付属図書館などで保管されているが、当館にも漢籍が数点残されている[4]。こうした漢籍が神学校で使用されていたという指摘があり、中国におけるイエズス会の成果物をパリ外国宣教会は活用していることがうかがえる。ド・ロ版画はヴァスール神父の属するイエズス会がアジア布教において実施した美術政策ともいえる取り組みの系譜に連なる可能性があるだろう。

　ここでイエズス会の布教における美術政策を簡単に確認しておこう。イエズス会は1549年に始まる日本布教において、布教におけるイメージ、つまり聖画像の有効性を認め、布教における美術政策に取り組んでいた。それは1517年より始まった宗教改革を受けて、トリエント公会議では宗教改革側に批判された聖画像崇敬の正当性を主張したことが影響している。イエズス会がイメージを布教の有効な普段とみなしていたことは、日本に設置された画学校において聖画像が製作されていたことからもうかがえる。

　また、イエズス会が制作した最大の刊行物のひとつである『図解版福音書物語』（1593年）に収録されている版画は布教先の美術政策に影響を与えている[5]。これはイエズス会の創設者のひとりであるイグナチオ・デ・ロヨラが計画し、ナダールによって作成され、153枚もの豊富な図版をもとに視覚的に瞑想を助けるためのものである。その図版は、以降のキリスト教絵画の教則本となったと若桑みどりは指摘しており、中国にはナダールの版画をもとに作成された版画が確認されている[6]。イエズス会が視覚的なイメージを布教において活用していたことは、16世紀にはじまる日本、さらには中国における布教においても確認することができる。

　こうしたイエズス会の活動の特徴は、ヴァスール神父のイメージの制作につ

表2　ヴァスール神父のイメージをもとに制作された版画（大浦天主堂キリシタン博物館蔵）

主題	寸法（縦×横 cm）
無原罪の御宿理の聖母	掛幅／104.3 × 73.4
秘跡授与・十戒遵守／主の7つの祈願	掛幅／133.5 × 93.2
天地創造・誘惑・追放／洪水／人類の絶望	掛幅／106.3 × 72.2
キリストの復活／昇天／聖霊降臨	掛幅／103.9 × 72.7
十戒	掛幅／104.8 × 75.0
イサクの犠牲・十戒の石版を授かるモーセ・岩から水を出すモーセ	掛幅／計測不可

ながっていると推測される。さらに、神父が活動した19世紀には、ドイツのゼネフェルダーによる石版印刷が発明され、大判の絵入りポスターが発展した時代である。ヴァスール神父が中国で制作したイメージをもとに、西欧で石版印刷による大判の布教用イメージが制作され、日本の再布教時代にも持ち込まれている。それはしばしば多翼祭壇画のように複雑な構成をとり、キリスト教の教義を総合的に解説するものとして利用された。

　当館では、ヴァスール神父のイメージをもとに制作された版画を6点収蔵している（表2）。そのひとつの下部にはキャプションがあり、フランス語でヴァスール神父が制作したイメージであることが記されている[7]（図2）。

　その他、旧約聖書と新約聖書の場面が3段構成になっているものが複数ある[8]（図3）。いずれも日本式の掛幅の表装に仕立てられており、布教のために神父や伝道師が持ち運んだ可能性がある。これらのヴァスール神父が中国で制作したイメージはフランスに戻って出版した著作のなかに繰り返し収録されている。その著作のひとつであるフランス語でまとめられた『中国雑録』[9]には、ド・ロ版画の模範となった図像のほかに、当館が収蔵する版画もすべて収録されている。これらの西欧で制作されたヴァスール神父の石版画は、ド・ロ版画の模範となった中国製の木版画よりも後年のものであり、ド・ロ版画の制作には直接的な影響はないと推測される。しかし、布教にイメージを活用したイエズス会の手法をパリ外国宣教会が受け継ぎ、日本で大いに活用している点は非常に興味深い。

　以上、当館が収蔵するド・ロ版画に関連する資料をヴァスール神父との関係から、関連資料を含めて紹介して概要をまとめた。現在、当館が収蔵する資料の整理を進めており、関連資料の発掘に取り組んでいるところである。2018年6月末に大浦天主堂が世界文化遺産として登録されたことで、大浦天主堂が収蔵する資料は世界が注目するものとなっている。これらのド・ロ版画の資料

図2 秘跡授与・十戒順守／主の7つの祈願　　図3 天地創造・誘惑・追放／洪水／人類の絶望

群の価値はますます高まっていくことが予想され、潜伏キリシタンがカトリックに復帰していくなかで、ド・ロ版画の果たした役割など、日本のキリスト教史を考えるうえで欠かせないものとなっていくと推測される。

　これから、当館が収蔵する資料の調査研究を進めたうえで、他館が収蔵する版画との比較検討を行い、現存するド・ロ版画の制作時期などが明らかにされていくことが期待される。今回、長崎大司教区が守り伝えてきた大浦天主堂に関する資料を広く知っていただくことで、今後の大浦天主堂の存在意義もさらに高まっていくであろう。

3　その他機関におけるド・ロ版画の収蔵概要

　現時点で確認されているド・ロ版画の数は、当館が収蔵する23点をふくめ、全体で86点である（後載、ド・ロ版画／版木所蔵一覧を参照）。その収蔵先はカトリック教会関係の機関が6つであり、その他では自治体や個人での収蔵があ

第5章　ド・ロ版画と関連資料の収蔵状況

る。それぞれの収蔵機関の情報についてまとめておこう。[10]

　ド・ロ版画の制作は、宣教を目的としており、布教の拠点であった大浦天主堂で制作されて各地の教会に持ち込まれて使用されたと推測されている。よって、教会関係施設に現存しているものは、布教に使用され、その役割を終え

【教会関係】

収蔵機関（収蔵点数）	施設概要
大浦天主堂キリシタン博物館（23） 所在地：長崎県長崎市南山手町5-3	1864年に完成した、日本に現存する最古のカトリック教会堂に付属する博物館。大浦天主堂が長崎周辺における再布教の拠点となったことから、関連資料を多数収蔵している。
お告げのマリア修道会（6） 所在地：長崎県長崎市小江原4-1-1	1975年に認可を受けた女子修道会で、その前身はド・ロ神父が創設した共同体や、その他の複数の在俗会が統合された「聖婢姉妹会」であった。姉妹会の時代にはその本部を大浦天主堂近くに置いていた。ド・ロ神父や大浦天主堂との関連性を有することから、ド・ロ版画に関連する資料を多数収蔵している。
ド・ロ神父記念館（1） 所在地：長崎県長崎市西出津町2633	ド・ロ神父が設置した旧出津救助院の施設のひとつであり、鰯網工場として建物が1885年に建設された。現在では長崎市が所有し、1968年にド・ロ神父の多方面にわたる業績を伝える記念館を開館。お告げのマリア修道会が所有するド・ロ版画の1点が寄託され、展示・公開されている。
堂崎天主堂キリシタン資料館（3） 所在地：長崎県五島市奥浦町堂崎2019	1880年にパリ外国宣教会マルマン神父により前身の木造の教会が建立。1908年には現在の煉瓦造りの教会が完成。同教会は海岸部に位置し、海路を通じた下五島の宣教の拠点となっていたが、1969年に小教区の主任教会の役割を浦頭教会に移し、巡回教会となる。現在、キリシタン資料館として五島を中心としたキリシタン関連資料を多数収蔵し、そのなかにド・ロ版画が3点含まれている。
大江天主堂（5） 所在地：熊本県天草市天草町大江1782	1882年にパリ外国宣教会フェリエ神父により前身の木造の教会が建立、1893年にガルニエ神父が天草に赴任し、1933年に現在の教会を完成させた。ガルニエ神父は同地の赴任前に、ド・ロ版画が使用されていたとされる長崎の伊王島や五島で活動をしており、同教会にド・ロ版画がもたらされたことと関連している可能性がある。
主税町教会（1） 所在地：愛知県名古屋市東区主税町3-33	1887年にパリ外国宣教会ツルペン神父が民家を改築して教会を設置し、1904年に現在の礼拝堂が建設された。ド・ロ版画が伝来した経緯は不明ではある。

155

た後、そのまま保管されていたものだろう。これらは彩色されている絵解きのものが多いのが特色である。こうした絵解き主題のド・ロ版画を使用したのは、宣教師や伝道師であったとされている。

ド・ロ版画が制作されたと推測される時期は外国人が自由に各地に宿泊をすることは難しく、当初の宣教活動を支えていた伝道師の役割は大きいと考えられる。その状況は1870年代当時の宣教師の数が30名に達しないのに対し、伝道師は200名を超えていたところからもうかがうことができる[11]。よって、伝道師が使用し、そのまま個人宅で保管されている状況も考えることができる。たとえば、堂崎天主堂キリシタン資料館収蔵のド・ロ版画は伝道師が使用していたことが伝えられている。また、大浦天主堂キリシタン博物館に収蔵されているものは、長崎大司教区の諸教会からの寄贈があり、旧大明寺教会（長崎市伊王島町）旧蔵、壱部教会（平戸市生月）旧蔵のものがあげられる。

【その他】自治体、個人など

収蔵機関（収蔵点数）	施設概要
平戸市生月町博物館・島の館（3） 所在地：長崎県平戸市生月町南免4289-1	平戸市生月町の歴史と文化を紹介する博物館。同地は捕鯨文化が隆盛した地であるとともに、現在ではかくれキリシタンの地として知られ、日本のキリスト教史に関する豊富な資料が展示されている。ド・ロ版画は収集によって収蔵。
長崎歴史文化博物館（10） 所在地：長崎県長崎市立山1-1-1	長崎県と長崎市が合同で設置した博物館。収蔵資料は、旧長崎県立美術博物館、旧長崎市立博物館、県立長崎図書館郷土課で管理されてきたもので構成される。ド・ロ版画は永見徳太郎の寄贈。その他、大浦天主堂付属の神学校や伝道師学校で使用されていた漢籍などが多数保管されている。
九州大学付属図書館（10） 所在地：福岡県福岡市西区元岡744	ド・ロ版画は「長崎公教神学校旧蔵本」として漢籍を中心とした書籍とともに同館に収蔵され 「切支丹版画集」として管理されている。書籍には大浦天主堂付属の神学校や伝道師学校の蔵書印が押されており、それぞれの学校の初期の時代に教育のために使用されていたものとされる。これらの書籍は大浦天主堂から散逸しており、各所に収蔵されている。
社会福祉法人エリザベス・サンダース・ホーム（1） 所在地（澤田美喜記念館）：神奈川県中郡大磯町大磯1152	エリザベス・サンダース・ホームを創設した澤田美喜はキリシタン関係の資料を収集しており、それらの資料は澤田美喜記念館で展示されている。その収集活動のなかでド・ロ版画も収蔵されたと推測される。
長崎南山手美術館（10） 所在地：長崎県長崎市南山手町5-3	長崎で明治時代から収集した資料を収蔵・展示する個人美術館。収蔵資料には長崎の歴史や文化に関する貴重な資料が多数あり、そのなかにド・ロ版画も含まれている。

大刀洗町教育委員会（2） 所在地（大刀洗ドリームセンター郷土史料室）：福岡県三井郡大刀洗町大字冨多 819 問い合わせ先：0942-77-2671	大刀洗町は潜伏キリシタンの歴史をもつ地であり、その歴史に関連する資料を収蔵している。図書館などが併設された施設の史料室ではその一部を展示しており、ド・ロ版画も紹介されている（2019 年 3 月末まで修復、4 月以降は展示予定。ただし、時期によっては写真パネル展示）。同地では 1880 年にパリ外国宣教会ソーレ神父が活動を始めており、今村天主堂が建立されていない時期にド・ロ版画の旧収蔵者の自宅を再布教の活動場所としていたと伝えられている。
上天草市（1） 所在地（天草四郎ミュージアム）：熊本県上天草市大矢野町中 977-1	個人の収蔵を経て収集。
個人（11）	

　教会関係以外の収蔵の状況をみると、墨摺りの状態のままであるものが多く、制作された時期も比較的新しいものが多いといえる。カトリックの教義を伝えるために必要とされた時期ではなく、布教以外の目的で制作をしたものである可能性がある。昭和 10 年代、長崎の南蛮美術収集家の永見徳太郎が摺ったことが知られている（第 1 章参照）。永見が摺ったものは、長崎歴史文化博物館で保管されている。その他、個人収蔵のものは古書店で流通していたものを入手しており、10 主題が 1 セットで収蔵されている状況から、何らかの機会に複数回摺られている可能性が高いであろう。ただし、このなかで大刀洗町教育委員会が収蔵している《地獄図》は彩色された古い表装が残っているものである。その表装は当館蔵の図 1 のものと同じタイプのものであり、布教活動に使用されたものと推測される。

　以上、版画の収蔵機関とその収蔵経緯についてみてきたが、ド・ロ版画はその制作時期を、布教を目的とした時期とその他の目的のために制作した時期と分けて考える必要があると思われる。前者の場合は、大刀洗町の例にあるように、ド・ロ版画の存在が再布教期にパリ外国宣教会が活動した地に残した足跡となっている。今後、本書の刊行を機に教会や関係者から情報が寄せられ、ド・ロ版画が各地で発見されることが予測される。そうした情報が積み重なることで、再布教期に宣教師たちが赴いた土地と潜伏キリシタンの集落地との関係性など、さまざまな情報を生み出すことにつながると可能性があるだろう。これからド・ロ版画の多様な価値が高まることが期待される。

§ 注

▶1　現在、建物の名称として使用される「旧羅典神学校」の名称の変遷は以下のとおりである。パリ外国宣教会の報告書では「神学校」と記されているが、1881 年に制作されたラテン語の入門書（原題：*ABCD. Prima Pars. : De appellatione litterarum et syllabarum. Principia et exercitia lectionis*）［長崎歴史文化博物館蔵］には「長崎らちん学校」という名称が使用されている（本書は神学生がこれから入学を希望する若者たちに向けて制作をしたものであると序文に記されている）。また、神学校で教授を務めた片岡謙輔神父が翻訳した、イエズス会士アルフォンソ・ロドリゲス著『修徳指南』の発行所には神学校の名称が記載されている。全 3 巻で発行され、第 1 巻は「長崎羅典黌」（1897 年）、第 2 巻（1902 年）・第 3 巻（1907 年）は「私立羅典神學黌」となっている。この名称の変更には 1899 年の私立学校令の公布が影響していると推測される。その他、蔵書印には「長崎大浦天主堂 羅甸校印」と記されている。実質的には司祭を養成するための神学校ではあったものの、学校の名称として羅典（甸）学校という名称が使用されていたと推測される。1925 年には浦上に神学校が移転し、建物には神学校としての役割がなくなったものの、2 度（① 1930 〜 1932、② 1944 〜 1952）にわたって一時的にではあるが神学校として再度使用されていた。その間に、羅典神学校、大浦神学校という表記を文書に見つけることができる。神学校自体の名称は、2 回めの移転である 1932 年に「長崎公教神学校」という校札を掲げたことにより、この名称が定着していったという。1989 年には長崎カトリック神学院という名称となり、今日に至っている。長崎県・長崎市・佐世保市・平戸市・五島市・小値賀町・新上五島町『「長崎の教会群とキリスト教関連遺産」構成資産候補建造物調査報告書』2011 年／『パリ外国宣教会年次報告 I（1846-1893）』松村菅和・女子カルメル修道会訳、聖母の騎士社、1996 年／中島政利『福音伝道者の苗床 ── 長崎公共神学校史』聖母の騎士社、1977 年を参照。

▶2　中村近蔵「明治初年の開拓者　ド・ロー師を憶ふ (1)」『声』、聲社、810 号、1943 年 9 月、44 頁。

▶3　カトリック中央協議会が定める『ローマ・ミサ典礼書の総則』346 項によれば、祭服の色は白色、赤色、緑色、紫色、黒色、ばら色がある。

▶4　神学校が旧蔵していた漢籍には、中国でイエズス会が活動した 16 〜 18 世紀に刊行されたものが多く含まれており、1723 年からおよそ 100 年におよぶ禁教の時代を経て再版されているものである。例としては、マテオ・リッチ著『天主実義』（1603 年）が 1868 年に再版、ジュリオ・アレーニ著『性學觕述』（1623 年）が 1873 年にいずれも上海慈母堂にて再版されている。

▶5　1593 年の初版では印刷所を記した扉絵とテキストはなく *Evangelicae historiae*

imagines として出版され、翌年には *Adnotationes et meditationes in Evangelia qvae in sacrosancto Missae sacrificio toto anno legvntur : cum Evangeliorvm concordantia historiae integritati sufficienti* というタイトルが付された扉絵とテキストを含めて、教皇庁に認可された印刷所によって出版された。Natale Vacalebre, *Produzione e distribuzione libraria gesuita nel Cinquecento : il caso delle Adnotationes et meditationes in Evangelia di Jeronimo Nadal(Anversa, Martin Nuyts, 1593-1595)*, Titivillus, 2015, pp. 305-323.

▶ 6 若桑みどり『聖母像の到来』青土社、2008年、82-95頁。
▶ 7 下部のキャプションは以下のとおりである。ŒUVRE DES IMAGES DESTINEES AUX MISSIONS ET A LA PROPAGANDE Fondée en 1868 par A. VASSEUR, Miss e , 1 , Rue Desnouettes, Vaugirard-Paris P R INCIPALES PUBLICATIONS DE L' ŒUVRE : Albums in - 4e et in-8e de toute la Religion en Images. – Les 22 Tableaux de toute la Doctrine Chrétienne pour les Missions et Catéchismes. – Les principaux Saints, Dévotions, Mystères, Fins dernières, en 30 sujets, couleur et or, pour les familles. – Tableaux, couleur et or, pour les Chapelles de Missions : Sacré-Cœur, Vierge et Enfant Jésus, Saint Joseph, - Le Triptyque de toute la Doctrine Chrétienne en 4 formats, - pour les Enfants, - pour les Familles, - pour les Ecoles, - pour les Missions. -L'Album du Triptyque expliqué – S'adresser à DANIEL, Éditeur, 76 Rue Bonaparte, PARIS〔Lithographie Bognard Jne 28, Boulevard de la Contrescarpe PARIS〕
▶ 8 堂崎天主堂キリシタン資料館には、このシリーズのひとつである新約聖書の場面「最後の晩餐／エルサレム入城／磔刑」が収蔵されている。本シリーズにはもうひとつあることが、ヴァスール神父の著作『中国雑録』で紹介されている。それは新約聖書の場面「キリストの降誕・東方三博士の礼拝／ラザロの復活」であり、布教用に制作された版画として日本に持ち込まれている可能性がある。
▶ 9 *Mélanges sur la Chine*, Paris-Auteuil, 1884.（『中国雑録』）
▶ 10 長崎市『大浦天主堂及び教会施設調査報告書』2012年を参照。
▶ 11 高木一雄『明治カトリック教会史2』教文館、2008年、394頁。

■ [資料] ド・ロ版画／版木所蔵一覧

(1) 教理用

目録№.	主題	版木 所蔵先	版木 寸法（縦×横×厚cm）／構成枚数	墨摺 所蔵先
1	悪人の最期	大浦天主堂キリシタン博物館（長崎市）	122.3 × 65.5 × 2.0（添木：長 125.6 × 4.8）／6枚	大浦天主堂キリシタン博物館（長崎市）
				長崎歴史文化博物館（長崎市）
				九州大学付属図書館（福岡市）
				南山手美術館（長崎市）
				個人（上天草市）
2	地獄図	大浦天主堂キリシタン博物館（長崎市）	105.9 × 65.7 × 2.7（添木：厚3.1×長109.5）／4枚	大浦天主堂キリシタン博物館（長崎市）
				長崎歴史文化博物館（長崎市）
				九州大学付属図書館（福岡市）
				南山手美術館（長崎市）
				個人（上天草市）
3	復活と公審判	大浦天主堂キリシタン博物館（長崎市）	131.1 × 62.8 × 2.5（添木：厚 3.7 × 下部はみ出し部分 0.6）／6枚	大浦天主堂キリシタン博物館（長崎市）
				長崎歴史文化博物館（長崎市）
				九州大学付属図書館（福岡市）
				南山手美術館（長崎市）
				個人（上天草市）
				社会福祉法人エリザベス・サンダース・ホーム（神奈川県中郡大磯町）
4	煉獄の霊の救い	大浦天主堂キリシタン博物館（長崎市）	125.8 × 64.9 × 2.2（添木：厚 5.8 × 上部のはみ出し部分 0.8）／5枚	長崎歴史文化博物館（長崎市）
				九州大学付属図書館（福岡市）
				南山手美術館（長崎市）
				個人（上天草市）
5	善人の最期	大浦天主堂キリシタン博物館（長崎市）	123.4 × 66.1 × 2.0（添木：厚 4.3 × 上部はみ出し部分 4.1）／6枚	大浦天主堂キリシタン博物館（長崎市）
				福岡県大刀洗町教育委員会
				長崎歴史文化博物館（長崎市）
				九州大学付属図書館（福岡市）
				南山手美術館（長崎市）
				個人（上天草市）［2点］

[資料] ド・ロ版画／版木所蔵一覧

石上阿希・内島美奈子・白石恵理（作成）

装幀／寸法（縦×横 cm）	主題別合計点数	所蔵先	装幀／寸法（縦×横 cm）	主題別合計点数
			墨摺彩色	
掛幅／135.0 × 64.2	5	大浦天主堂キリシタン博物館（長崎市）	掛幅／126.0 × 64.2	6
掛幅／130.1 × 62.3		お告げのマリア修道会（長崎市）※1	掛絵／121.0 × 81.0	
掛幅／129.4 × 66.2		堂崎天主堂キリシタン資料館（五島市）※3	掛幅／127.0 × 61.0	
めくり／137.1 × 70.6		大江天主堂※2（天草市）	額装／128.0 × 63.0	
めくり／136.0 × 72.4		上天草市	額装	
		カトリック主税町教会（名古屋市）		
掛幅／123.3 × 63.6（版画部分のみ、105.5）	5	大浦天主堂キリシタン博物館（長崎市）	額装／125.5 × 63.6	5
掛幅／130.2 × 62.2		お告げのマリア修道会（長崎市）※1	掛絵／121.0 × 81.0	
掛幅／129.6 × 66.2		福岡県大刀洗町教育委員会※4	掛幅／125.1 × 63.5	
めくり／133.5 × 67.0		大江天主堂（天草市）※2	額装／128.0 × 63.0	
めくり／136.0 × 72.3		カトリック主税町教会（名古屋市）		
掛幅／131.5 × 62.5	6	大浦天主堂キリシタン博物館（長崎市）	掛幅／127.9 × 63.7	5
掛幅／130.0 × 61.2		お告げのマリア修道会（長崎市）※1	掛絵／121.0 × 81.0	
掛幅／129.7 × 66.3		堂崎天主堂キリシタン資料館（五島市）※3	掛幅／128.0 × 61.0	
めくり／131.4 × 69.2		大江天主堂（天草市）※2	額装／128.0 × 63.0	
めくり／134.0 × 70.0		生月町博物館・島の館（平戸市）	額装／76.7 × 63.8（部分）	
掛幅				
掛幅／130.2 × 63.4	4	お告げのマリア修道会（長崎市）※1	掛絵／121.0 × 81.0	4
掛幅／129.2 × 66.2		ド・ロ神父記念館（お告げのマリア修道会・旧出津救助院、長崎市）※3	掛幅／128.0 × 63.0	
めくり／132.8 × 69.4		大江天主堂（天草市）※2	額装／128.0 × 63.0	
めくり／133.8 × 72.0		生月町博物館・島の館（平戸市）	額装／116.1 × 64.9（一部切り取り）	
掛幅／123.2 × 64.4	7	お告げのマリア修道会（長崎市）※1	掛絵／121.0 × 81.0	6
掛幅／124.2 × 62.0		お告げのマリア修道会（長崎市）	掛幅／121.0 × 80.0	
掛幅／130.3 × 62.2		大浦天主堂キリシタン博物館（長崎市）	掛幅／126.5 × 63.7	
掛幅／129.3 × 66.3		堂崎天主堂キリシタン資料館（五島市）※3	掛幅／128.0 × 61.0	
めくり／138.1 × 68.8		大江天主堂（天草市）※2	額装／128.0 × 63.0	
①掛幅／129.5 × 66.2 ②めくり／136.0 × 72.0		生月町博物館・島の館（平戸市）	額装／61.8 × 39.6（部分）	

(2) 聖人像

目録No.	主題	版木		墨摺
		所蔵先	寸法（縦×横×厚cm）／構成枚数	所蔵先
6	イエスの聖心	大浦天主堂キリシタン博物館（長崎市）	106.3 × 44.0 × 1.8／5枚	大浦天主堂キリシタン博物館（長崎市）［2点］
				長崎歴史文化博物館（長崎市）
				九州大学付属図書館（福岡市）
				南山手美術館（長崎市）
				個人（上天草市）
7	聖母子	大浦天主堂キリシタン博物館（長崎市）	115.8 × 57.8 × 1.8（添木：厚 1.3 ×下部はみ出し部分 0.3）／4枚	大浦天主堂キリシタン博物館（長崎市）
				長崎歴史文化博物館（長崎市）
				九州大学付属図書館（福岡市）
				南山手美術館（長崎市）
				個人（上天草市）
8	聖ヨセフと幼子イエス	大浦天主堂キリシタン博物館（長崎市）	106.3 × 50.3 × 1.1（添木：108.4 ×厚 1.7）／4枚	大浦天主堂キリシタン博物館（長崎市）
				長崎歴史文化博物館（長崎市）
				九州大学付属図書館（福岡市）
				南山手美術館（長崎市）
				個人（上天草市）
9	聖ペテロ	大浦天主堂キリシタン博物館（長崎市）	115.7 × 41.3 × 2.4（添木：119.8 ×厚 4.1）／6	大浦天主堂キリシタン博物館（長崎市）［4点］
				長崎歴史文化博物館（長崎市）
				九州大学付属図書館（福岡市）
				南山手美術館（長崎市）
				個人（上天草市）
10	聖パウロ	大浦天主堂キリシタン博物館（長崎市）	115.7 × 39.6 × 2.3（添木：厚 4.1 ×上部はみ出し部分 × 1.3 ×下部はみ出し部分 3.8）／4枚	大浦天主堂キリシタン博物館（長崎市）
				長崎歴史文化博物館（長崎市）
				九州大学付属図書館（福岡市）
				南山手美術館（長崎市）
				個人（上天草市）

【注】

- 内島美奈子・郭南燕・白石恵理・鄭巨欣・石上阿希による調査。本一覧は九州地方を中心にした調査に基づいたものであり、それ以外の地域における調査は今後の課題である。以下の郭南燕アドレスまで情報をお寄せください。2375185975@qq.com
- 「墨摺」「墨摺彩色」のいずれも紙に印刷したものである。
- ［所蔵先］所蔵館の所在地を（ ）に記した。町村の場合のみ、県名から表記した。また、同一所蔵先で所蔵点数が複数ある場合は［ ］に点数を示した。
- ［寸法／構成枚数］版木は全て複数枚の板を組み合わせて一図を成している。「構成枚数」には各図の版木が何枚で構成されているかを記した。
- ［装幀／寸法］調査済の資料のみ記した。数字はすべて本紙の寸法である。

[資料] ド・ロ版画／版木所蔵一覧

装幀／寸法（縦×横cm）	主題別合計点数	墨摺彩色 所蔵先	装幀／寸法（縦×横cm）	主題別合計点数
掛幅／① 123.2 × 64.4 　　　② 110.6 × 58.2 掛幅／130.7 × 62.1 掛幅／129.2 × 66.2 掛幅／127.9 × 46.2 めくり／138.0 × 47.0	6	大浦天主堂キリシタン博物館（長崎市）	額装／163.0 × 81.5	1
掛幅／134.8 × 64.3 掛幅／130.1 × 62.1 掛幅／129.4 × 66.2 掛幅／128.8 × 59.4 めくり／137.2 × 72.6	5	大浦天主堂キリシタン博物館（長崎市）［4点］	①額装／1点は調査済（伊王島・大明寺教会からの寄託本）162.0 × 81.0 ②掛幅／125.5 × 62.5 ③掛幅／125.0 × 61.2 ④掛幅／119.8 × 60.3	4
掛幅／134.6 × 64.5 掛幅／130.4 × 62.1 掛幅／129.3 × 66.4 めくり／137.4 × 66.1 めくり／132.6 × 71.3	5	大浦天主堂キリシタン博物館（長崎市）	掛幅／125.8 × 62.3	1
掛幅／① 135.0 × 47.2 　　　② 132.7 × 52.0 　　　③ 124.3 × 49.5 　　　④ 134.7 × 64.6 掛幅／130.5 × 62.1 掛幅／129.2 × 66.3 掛幅／129.1 × 47.1 めくり／129.1 × 47.1	8			
掛幅／131.2 × 62.7 掛幅／130.2 × 62.2 掛幅／129.2 × 66.2 掛幅／128.4 × 47.1 めくり／138.2 × 47.0	5			

2019年3月現在

※1　5枚揃いで1枚の布に貼り付けられている。
※2　5枚揃いで額装されている。
※3　長崎県指定有形文化財
※4　大刀洗町指定文化財

第6章 近代日本語文学の先駆者：プティジャン司教とド・ロ神父

郭 南燕

ド・ロ神父の墓（長崎・外海の野道共同墓地）　筆者撮影

　ド・ロ版画5枚を用いた教理説明は、歌を伴っていたようである。ド・ロ作とされる「天国地獄の歌」が残っており、その版画のイメージにぴったりである。歌詞は4連あり、メロディーは現存していない。よく考えてごらんなさい、だれでも死から逃れられず、地獄へ行くか、天国へいくかは、普段の善行と悪行によって決まるから、地獄に落ちないために早く善を行え、という「勧善懲悪」の内容である。詳しく見てみよう。

一　心をしづめて想いみよ、まぬがり得ざるは死ぬること、ことわり得ざるはおん糺し、保つ得ざるは世の宝　消えざるなきは世のほまれ、此の世を去りたるその後は、善と悪とのその酬い、魂を地獄に埋めるか

二　天の快楽を受くべきか、二つのうちの一つなり、最早地獄に居る者が、火えんの中に後悔みま一度此の世に帰えるなら、犯せし罪(とが)ともろ共に、致せ

しことは如何ばかり、再び地獄に落ちぬため
三　むごき我がせめ次第をば、しのがん思いあきらめて、小言いわずにしのげかし、よくよく想いをめぐらせよ　唯今地獄のとが人が、望みて叶わぬ後悔を、我れ今致すひまあるに、なにとてそのひま無駄にする
四　さておそろしやおそろしや、我れわな泣きて糾しての、ごけんぽう（ご憲法＝正義）とて終りなき、即時に善に進むべし[1]

　ド・ロ版画を用いた説教は、もしもこの歌をも歌ったとすれば、堅苦しいものではなく、むしろ、老若男女にとっておもしろく、楽しいものだったと想像できそうだ。

1　キリシタン子孫への働きかけ

　「プティジャン版」は、言語的工夫、絵画的工夫、さらに音楽的工夫が施された色彩豊かな書籍群である。これらの書物はキリシタン用語の多用で知られている。
　キリシタン用語か、漢籍用語かについては、プティジャン司教は、同じパリ外国宣教会のムニクー神父と意見が違っていた。ムニクーは、日本の知識人は漢語の教養があるので、漢語が宣教に有利だと考え、1865年に横浜で『聖教要理問答』を出版した。これは、中国版『聖教要理問答』（1844年）を日本語で読み下したもので、キリシタン用語に置き換えようとする工夫は見当たらない。
　これに対してプティジャンは不満だった。長崎の信徒は「一語も読むことができない」として、それらの漢語は「信者たちの場合にあてはまりません」と批判的な意見を綴った[2]。むろん、ポルトガル語やラテン語をまじえたキリシタン用語は、秘密の口承という性格と深い関係がある。目で読んで理解するのではなく、耳で聞いて素早く理解し、暗記してからさらに他人に言い伝えていく、というキリシタンの口承伝統は、抽象的な漢語の使用とは無縁であった。
　プティジャンは、手書きの冊子『聖教初学要理』を1866年3月ごろに完成し、キリシタンたちの間で配布していたようである。彼の書簡（1865年7月18日）にみられる「その支那においてさえ、ラテン語系の用語が残っている祈祷[3]

第 6 章　近代日本語文学の先駆者：プティジャン司教とド・ロ神父

書が今でもたくさん広東の教会で使われており、私はこれを<u>この国のために何千と印刷しているのです</u>」(下線は引用者) という記述は、3 月 15 日の信徒発見からわずか 4 ヶ月後、すでに祈りのための書物を用意していたことを示唆している。

　プティジャンはキリシタンたちが発見して提供してくれた写本を徹底的に利用していた。その努力について、上智大学のキリシタン文庫の設立者ヨハネ・ラウレスは、「プティジャンが古来の伝統を再び採用した熱意は全く驚嘆に値するものがあり、新日本布教の先駆者の繊細な心理的感情移入の才を証拠だてるものである」と評価している（本書コラム 1 参照）。長年、神父到来を待ち望み、艱難に耐え尽くしたキリシタン子孫の心情を重んじるプティジャンの気持ちを十分に汲み取ったのは、ほかでもないド・ロ神父であった。

　ド・ロが 1868 年に長崎に到着して、三ヶ月後の 10 月に発行した『聖教日課』は、16 世紀後半のイエズス会によって和訳された祈りを掲載している。これは 250 年間の迫害を潜って口承されたもので、ほとんど平仮名による平易な文章で記している。その中の「アベ・マリア」の祈りは詩的な訳文である。「がらさみちみちたもふまりや、御身に、おんれいをなしてたまつる。御主様、御身と共にまします。女人の中において、わけてごくわほういみじきなり、また御たいないのぜずすさま、たっときてんにまします。天帝のおんははさんたまりやさま、われらいま、さいごのとき、悪人なれども、つつしんでたのみたてまつる　あめん」という切々たる音調であり、片岡弥吉に絶賛されている。

　仮名中心の口語的表記は、カトリック教会の教えがキリシタン時代のものと同じであることを示し、数百年の口承内容を保ちつづけ、漢文的素養のない庶民にわかりやすくキリスト教を伝えるメリットがある。

　一方、プティジャンが不満に思った前記の『聖教要理問答』は、今日の日本語の中に定着した言葉の数々（例えば、恩寵、教会、原罪、公審判、告解、罪人、三位一体、十戒、十字架、主日、諸聖人、神父、聖子、聖体、聖誕、聖母、聖油、全能、代父、代母、痛悔、天国、天主、童貞、日曜の糧、秘跡、復活、葡萄酒、耶蘇、礼拝、霊魂、煉獄など）を初めて日本人に紹介した功績も極めて大きい。

　明治期に和製漢語が大量に日本から中国へ渡り、中国の近代語彙を築き上げた一方で、幕末期・明治初期に渡日したキリスト教の漢籍は、多くのキリスト教漢語を日本に持ち込み、日本人の想像力を刺激し、近代文化の不可欠な一部

167

図1 プティジャン版の『煉獄説畧』(1872年) ド・ロ神父記念館蔵

になっている。

しかし、プティジャンはずっとキリシタン用語にこだわったわけではない。新しい信徒を獲得するために、漢籍用語をより多く取り入れるようになった。たとえば、『聖教日課』の1868年初版はひらがな中心だったが、1871年の再版にあたって、漢字と漢語を多用するようになった。特に1872年刊行の『煉獄説畧』(図1)は、漢語用語の採用に向けて前進した(本書コラム1)。

2　プティジャン司教とド・ロ神父の日本語力

「プティジャン版」を見れば、プティジャン司教は、上手な日本語運用者だっただろうと推定できる。これの出版は筆耕者阿部真造の力に負うところが極めて大きいが、プティジャン自身の日本語力がなければ、不可能な事業だっただろうと思う。

プティジャンの日本語力を示すものとして、長崎羅典語学校編『ABCD 羅典語入門』という、未製本の印刷シート(1881年)状態の小冊子が残っている(長崎県立図書館蔵)。これはプティジャン創設のラテン語学校用のラテン語教科書(聖書を読むための基礎知識)である。ほとんど片仮名と平仮名で書かれている。序にあたる「ハシブミ」は、イタリア人とフランス人のラテン語の発音が違うので、ここではフランス人の発音のみを教える、という意味を次のように書いている(漢字ルビは引用者)。

長崎らちんガクコウニハイルタメニカクゴイタスキヤウダイタチヨ…らちんノモンジノコエハ日本ノモンジノコエにマッタクアハザルモノアマタアルガユエニゼヒトモトキドキワガトコロノパテルサマニマコトノコエヲキクベシ(略)いたりや人ナラバUヲノゴトクイヒダシJヲIノゴトクイヒダセドモワタクシドモハふらんすノパテルガタヨリヲシヘラレタル

ニヨリテ　コノ　ホンノウチニハタﾞふらんすノイヒダシカタニシタガツ
テらちんゴヲイヒダスコヲシユ[11]（略）

　これを見ると、プティジャンの文章は、話し言葉であるが、歴史仮名を正確に使用し、文法上の誤りはない。それだけの日本語を書くことができたといえる。

　ド・ロの日本語力に関しては、あまり上手ではないと言われたことがある。要理を教えるとき、伝道師中村近蔵の力を借りていた。自分が話した後に、「近兵衛言うて見よ」と中村に「アンコール」をさせていた。日本語を思い出せない場合は、ときどきラテン語がまじる時がある、という記録がある[12]。

　当時、ド・ロの説教を聞いていた人によれば、「ド・ロ師の日本語はあまり上手ではなかった。しかし、たとえ話で解り易く、またおもしろく教理を説きあかししていた。浅く広くでなく、一つの教理を徹底的に理解させようと誠心をこめて教えられたので、今でもその時受けた要理は忘れていない」と追懐されている[13]。意思疎通に問題がないばかりか、長く記憶されて反芻される価値のある話をしていたことがわかる。「解り易く、おもしろく教理を説」いたド・ロの工夫は版画と歌の作成からみられる。

　では、ド・ロの書き言葉はどうだったのだろうか。ド・ロは出津で女性たちの殖産、孤児の養育、病人の介護、伝道婦の訓練のために救助院を1881年に設立し、その建築は1883年に完成した。「治療室」の看護者のためにド・ロはローマ字による「Sadame」を書いた。片岡弥吉による仮名・漢字の復刻を全文引用する。

第1　治療室には看護者2名をそなえておくものとす。
　2　看護者は医者の指揮をうけて薬の調合ならびに看護をなすことあるべし。ただし、医者、自家診察のため治療室のほかに出行するときは看護者これに随行いたすことにあらず。
　3　看護者は暮れがたより暁までの間は治療室に出勤をいたすことを得ず。
　4　非常なる場合ある時は、夜中といえども医者の診察ならびに用事を請うことあり、故に何どきにても至急を要する時は医者自ら薬局を

開き、そのときの用を足すべし。
　5　患者、男にて、若し隠所を治療いたす場合においては通用治療所に
　　　これを行なうことを得ず。
　6　医者は自ら患者、投薬日誌を製し、臨時の用に供すことあるべし。
　7　人により薬価の等差をなすことあらば、これも日誌に書きわけるべ
　　　し。
　8　治療室においては、午前八時より正午二時まで診察ならびに治療い
　　　たせしめるべし。
　　　　ただし、患者多数にして定めの時間に事業を終ることかなわざる
　　　ときは、右の限りにあらず。
　9　十二時より一時三十分のうち医者は、自分の指揮をなして投薬日誌
　　　を写すべき人に書きとらせるべし。[14]

　この「Sadame」は理路整然とした内容で、規則文の慣用表現の助動詞「〜べし」の使用が正確で、助詞や動詞活用形にも間違いはない。非常に合理的に運営されている「治療室」といえよう。

　ド・ロはこの救助院を「サン・ヨゼフの仕事場」に譲渡する際、ローマ字の「譲渡書」（1882年8月）を書いた。片岡弥吉はそれをもかな・漢字に翻刻し、「あまり上手でなかったド・ロさまの日本語なので難解なところがある」と断っている。[15] 1条から21条までのうち、一部を引用する。

　13条　汝らは仕事部屋に入たる子供をよき母の心をもって最後まで介抱
　　　　することをたっときつとめとせよ。
　14条　汝らはデウスのおん前にいつも小さい、また貧乏なること幸いと
　　　　思えよ。されど、その間汝の自分のために金を守ることは、賢いこ
　　　　とにて、デウスのおん前に貪欲と思うことなかれ。
　21条　子供よ、わたくしは死んでから、わがプルガトリオ（煉獄）の苦しみは縮
　　　　まるように、デウスのあわれみ願えよ。また毎年一度汝らの力に及
　　　　ぶ間にごミサを一つ申させるように願え。[16]

　この「譲渡書」は内容がわかりやすく、意思疎通に差し支えのあるような

第６章　近代日本語文学の先駆者：プティジャン司教とド・ロ神父

文法上の間違いはない。「よき汝の心をもって孤児たちの世話をしてください。キリストの前で貧乏であることを幸いと思ってください。ただ、貪欲ではない程度にお金を大切に守ってください」と教えている。ド・ロ神父は惜しみなく財産を与え、賢明な使用方法を伝えているのである。最後に、自分の死後、「煉獄の苦しみ」が短くなるように、婦人たちに祈りを乞うところが微笑ましい。ド・ロ版画の「煉獄の霊魂の救い」は絵空事ではなく、自分もかならず通る場所と考えて、切実な思いで下絵を描かせ、版木を彫らせていたのだろう。
　「人類の復活と公審判」にある「たからハ　いまなんの江きぞ」ということばを思い出させてくれる詩がこの「譲渡書」に添えてある。

　一　罪科(とが)さえなくんば
　　　　かんころよろし
　　　絣も絹も　着たることなし
　二　イエズス　マリア　ヨゼフ
　　　　ナザレにおいて
　　　職人の手本に　なりたまえば
　三　御身イエズス　いっしょに
　　　　まもりがため
　　　願いより　仕事　われすれども
　四　この世に貧乏は
　　　　イエズスに従うて
　　　なおよろこべ
　　　　世のためよろこび
　　　世のためなり[17]

「かんころ」とは芋のことで、米を食べる機会のない出津の人々にとっての日常食品であった。清貧、努力、従順、献身を唱えるこの詩はわかりやすく、抽象的な言葉もない。
　このような日本語を書いたド・ロは「あまり上手ではない」と言えないだろう。実際、ことばの勉強、説教や教理教育の原稿作成に取り組んだことを示す大量のノートが残っている。[18]すなわち、お告げのマリア修道会収蔵のノート

帳19冊であろう。すべてローマ字をもって、日々の仕事の内容と金銭の出納を丹念に記入していたことは、矢野道子の研究によって明らかになっている。[19] ド・ロは日本語で考え、記述していたので、日本語はすでに身体の一部となっていたことがわかる。

3　ド・ロ神父の歌

　1873年、横浜から長崎に戻ったド・ロは石版印刷を継続し、74年の『きりしたんこよみ』『聖教日課』（2種）、75年の『聖教初学要理』、76年の『聖母聖月』と『聖教理証』、77年の『聖教理証』『聖母祝日』、刊年不明の『天主教伝来序説』とローマ字本『聖教初学要理』などを刊行した。[20]

　その後、本木昌造が発明した金属活字による印刷が、石版より便利とわかり、ド・ロは活字を購入して、識字数の少ない農漁民のために、仮名中心の書物を出版した。ド・ロは、印刷だけではなく、著述と編集をも担当し、1877年の『智慧明ケ乃道』『光福教導』『たっときゆかりしちやのこと』『Praelectiones Linguae Latinae』、78年の『オラシヨ並ヲシエ』と、77年と83年の『切支丹の聖教』を刊行した。[21]

　『智慧明ケ乃道』は漢字廃止と仮名専用を主張し、『光福教導』は片仮名つづりでキリシタン文体を用いた、未信者用の簡単な教理問答であった。『切支丹の聖教』も平仮名中心の教理問答書であるが、のちに増補され、プティジャンの死去1年前に発行され、キリシタン文体で綴った最後のものといわれる。[22]

　片岡弥吉の調査によれば、ド・ロの日本語による宣教文学は、歌、短詩、随筆の3種に分類することができる。節をつけてうたう歌が多い。いずれもキリシタン用語を多用し、口語的でわかりやすい。それらの歌を見てみよう。

「オンコ」
　一　天主シナヌ
　　　アニマ（霊魂）シナヌ
　　　カラダシニナサッタ
　二　オンコハウマレタ
　　　アニマハウマレル

カラダハウマレル
　　サレド天主はウマレヌ
　三　天主ヲコシラヘヌ
　　アニマヲハハ（母）ハコシラエヌ
　　カラダヲコシラエル
　　サレド天主ノオンハハ[23]

　これは、霊魂の不滅、肉体のはかなさ、始まりと終わりのない天主の永遠性、聖母が天主の子を産むことの神秘性を歌う。

「三位一体」
　一　パテル（父）オンヲヤゴサクシヤ（ご作者）
　二　ヒリヨ（子）オンコオンアルジゼズスキリストタスケテオンコトバ
　三　スピリトサント（聖霊）ガラサ（神の恩恵）ノモト
　四　天主三ツノペルソナ一ツセイ
　五　人一ツペルソナ　一ツセイ

　これは、父なる神は天地万物の創造主、その子たるイエスは救い主であり、聖霊によって、父と子と聖霊の三位は一体（一つの性）であるが、俗世間の人間一人ひとりは一つのペルソナ（人格）、一つの性だ、という。[24]
　矢野道子の調査によれば、ド・ロ作の歌が数多い。出津修道会の修道女で、ド・ロ神父記念館の案内を担当したシスター橋口ハセは次の歌を伝えている。この歌は、よく居眠りするキヤという水車の責任者を起こすためのユーモアをもっている。

　　庭のあひるが　クワッ　クワッ　クワッ
　　羽根のべて　水浴びるに　クワッ　クワッ　クワッ
　　われらの苦しみいつか終わらん　クワッ　クワッ　クワッ
　　キヤ寝る　車　空臼（からうす）
　　おいこら　おいこら　きかんか
　　おいこら　おいこら　おきよ

おいこら　おいこら　きかんか

ド・ロは重い建材を運ぶ人たちのためには次の歌を作った。

　ぶらり　ぶらりと毎日　浜の真砂荷なうは
　げのためなり
　げのためよろこべ
　げのためなり

「げ」とは粗末な着物を指す意味。ちなみに2007年の初め頃、筆者は初めてド・ロ神父記念館を訪れた時、シスター橋口とお会いして、オルガンを弾きながら歌われた歌を聞き、ド・ロ神父への尊崇のお気持ちに打たれたことがある。

　次に挙げる歌はヘンゼラーの論文「ド・ロさまの歌」を参照している。氏はこれらの歌を旋律によって分類している。旋律不明なのは二つで、前記の「クヮッ　クヮッ　クヮッ」と、機織りの歌がある。すなわち「はたらきゃ音なししゃべるよた音（？）なし　一寸の麻づな　一理の糸　延ぶりや一夜で」とある。

　それから、フランス聖歌 "Vive Jésus c'est le cri de mon âme!"（心より叫ぶ、イエズス万歳）の旋律で歌われた歌は2首あり、一つは「四誡：子供よ父と母に　孝行してつかゆるべし　われゆえ親に孝行する　子供に約束のほうび　ながいきながいき」で、もう一つは「七誡：商人が物を売るに　下なるを上中とするな　近目また升目で売れば　はかりとますめ　買い主を　だますなだますな」とある。誠実な心を信徒たちに植え付けようとした歌である。

　さらに数え歌が2種あり、下記のAはイエスの誕生と迫害逃れを表し、Bは人生の意味、信仰の必要、現世へのあきらめ、永遠の命などを歌い、キリスト教の概念をわかりやすく教える。Cはイエス・キリストの十字架上の死を悼む。

A. 1つとせ　人と生まれたゼズスは　我らのためにと生まれたり　この有り難や
　　2つとせ　冬の寒さもいとわずに　馬屋のうちにうまれたり　この有り難や

第6章　近代日本語文学の先駆者：プティジャン司教とド・ロ神父

　3つとせ　三国の帝王は来て拝む　三品の土産を捧げておく　この有り難や
　4つとせ　夜は日に絶えず思いけり　拝みに参るは羊飼い　この有り難や
　5つとせ　今だ遅しと待ちつけた　シメオンはゼススを抱きあげる　この有り難や
　6つとせ　謀反を起こした　ヘロデ王は　ゼススを殺すと企みます　この哀れさや
　7つとせ　情けないいぞの[ママ]ヘロデ王は　あまたの子供を殺したり　この哀れさや
　8とせ　やらんと親たちするけれど　王様の仰せなら是非もない　この哀れさや
　9とせ　こまいあ若君引き連れて　馬よりエジプトに落ちていく　この哀れさや
　10とせ　遠い所に落ちていく　朝夕の煙も立ちません　この哀れさや

B.　1つとせ　一年暮らせば一里程　最期に及んで進み行く　実にこの世はかりの宿　悪の難儀の旅の空
　2つとせ　再び帰らぬこのわが身　とこ世の生命にかへります　幸或はわざわいぞ
　3つとせ　未らいをはるかに眺むなよ　最後の嵐は時知れぬ　若い者じゃと油断すな
　4つとせ　よもやよもやと思ううち　最期の嵐が吹きかける　今夜死ぬかもわかりやせぬ
　5つとせ　いつ頃死ぬやら知れもせず　油断をするのはおろかぞや　やめずに恐れてつとむべし
　6つとせ　無駄に月日をおくるなら　最後に及んであとぐやみ　時間は大事にむ[ママ]用ふべし
　7つとせ　泣くともかいなき最後かな　可愛いや妻子にいとまごい　先で会うやらあわぬやら
　8とせ　やせがまいだして傲けたる　この世の宝にいとまごい　夢に餅食たごときかな
　9とせ　ここで愛するこのからだ　うじや虫やのゑばとなる　魂は地獄のも

175

　　　　　いくいと
10とせ　とてものがらぬ最後から　浮世にほれたがあさましや　天国大事
　　　　と願わぬ
11とせ　一番宝は喜徳ぞ　とこ世の国まぞ通用する　これにまされるもの
　　　　はなし
12とせ　にせなる浮世のふうきらく　くされわらじと思わぬせ　とこよの
　　　　宝を重んじて
13とせ　三千円ためるとも　とこ世のみやげになりはせぬ　待ちゆくもの
　　　　は善徳ぞ
14とせ　死出のおともは墓所まで　その先や一人でおしらすに　きびしき
　　　　裁判受けるぞや
15とせ　ごさいばんでの弁護士は　ふうきらくでなし学でなく　この世の
　　　　難儀とべんごする
16とせ　ろくなで奉行せぬ人は　ろくなさいごもいたしゃせぬ　さとりを
　　　　ひらいてあらたまれ
17とせ　七のはちのとかこつけず　最後の覚悟をするがよい　何より天主
　　　　を愛すべし
18とせ　八に二つを加ゆれば　ご掟守るはたしかぞよ　あるじの手本にな
　　　　らいつつ
19とせ　十九二十の花じゃとて　はなを高めておこたるな　この世はあく
　　　　まで無情ぞや
20とせ　二十万年生きるとも　世界を全くにぎるとも　最後が悪けりゃ何
　　　　のえき

C.　聞くに哀れや語るにゃ悲し　そうぞう話はイエズス話し
　　イエズス・キリスト打擲話　雪の肌を裸になして
　　　　　　　　　　ちょうちゃく　　　　　　はだえ
　　石の柱にあいっかとからめ　まきにかられしつわものどもは
　　三十ふねにて一つに二人（？）　つかれ次第に段々変わる
　　打たれる主はもん変わりなく　ムチはかぜふてびゅうびゅうひびく
　　　　　　あるじ
　　あたる肌は（？）ぬるよ　ごし（ェ？）んあまりの打擲いたす
　　　　はだえ
　　肉は切れ切れ骨あらわれ　節切れ切れ静脈ながる

第6章　近代日本語文学の先駆者：プティジャン司教とド・ロ神父

どっとわきずる血潮の泉　ちいを
そめなす紅の雨
雪の肌(はだえ)も裸になして　────
身に覚える地獄の責苦　心ある人
考えなされ
胸に苦しむ罪科の罰　────

歌の作詞は、中村近蔵を中心とする日本人助手や他の宣教師からの協力もあっただろうが、新約聖書の内容を繰り返すと同時に、中世から明治初期まで迫害を受けたキリシタンたちの苦痛をも重ね合わせている。

ド・ロは聖歌も教えていた。出津教会主任司祭を担当した時、聖歌を指導して、教会の典礼を盛んに使用したため、声を使いすぎて、喉から血が出たほどであった。それから口笛で「キリエ」(憐れみの賛歌)や

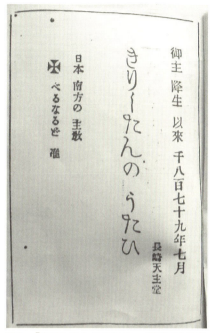

図2　『きりしたんのうたひ』　堂崎天主堂キリシタン史料館蔵

「グロリア」(栄光の賛歌)の旋律を聞かせた、と自ら報告しているし、中村近蔵にも証言されている。[27]

ド・ロは非常に聖歌を重んじ、出津赴任前の1878年から79年までのあいだ少なくとも3種類の『きりしたんのうたひ』を刊行していた。すなわち、

① 1878年発行『きりしたんのうたひ』(『オラシヨ並ニヲシヘ』の付録)、48頁 (49-51頁欠)、9.4 × 14.4 cm、カトリック津和野教会所蔵。

② 1879年発行『きりしたんのうたひ』(『オラシヨ並ニヲシヘ』の付録) 30頁 (31-51頁欠)、9.4 × 14.4 cm、天理大学付属天理図書館所蔵、no. 196.123。

③ 1879年発行『きりしたんのうたひ』(『オラシヨ並ニヲシヘ』の付録)、全51頁、9.4 x 14.4 cm、上智大学キリシタン文庫所蔵、No. KBs157.16。

①と②はヘンゼラーが発見したものである。[28]筆者は、カトリック浦頭教会主任司祭小瀬良明神父の協力により、堂崎天主堂キリシタン資料館の展示書籍か

ら欠損のない 51 頁の小冊子『きりしたんのうたひ』を見つけることができた（図2）。上智大学の収蔵と同じ版だと思われる。これもプティジャン版である。

『きりしたんのうたひ』は次の構成となっている。1～40 頁には仮名中心の 23 の聖歌の歌詞が、41 頁には「たつときゆかりしちやのつとめのじふんにうたふらちんこのうたひ」が記され、42～51 頁には 6 つのラテン語聖歌の歌詞を収めている。歌詞のタイトルは以下のとおりで、仮名の分かち書きが理解を助けてくれる。これらの歌は歌い聞かせるもので、漢字の表記は極端に少ないし、仮名に傍線を付して、音調の強調を記す部分が多い（カッコ内は、主に前掲ヘンゼラー論文による追加）。

1頁	一	さくしや すぴりと こよ	（天地創造主、聖霊と御子）
2頁	二	すぴりと さんと こよ	（聖霊、聖者、御子）
4頁	三	あゝ かちたれバ	（徒歩たれば）
5頁	四	あまの とを ひらく	（天の戸を開く）
	五	ひとの やしなひと なる	（人の養いとなる）
6頁	六	われら さがらめんとを	（われら、秘跡を）
	七	あべ うみの ほし	（栄光あれ、海の星）
8頁	八	御子 くるすに ある とき	（御子、十字架にある時）
11頁	九	くりき みちて	（功力 満ちて）
13頁	十	あまハ あぽすとろを	（天は 使徒を）
14頁	十一	御み 天主ハ 御みの	（御身 天主ハ 御身の）
15頁	十二	わが こゝろハ	（我が心は）
18頁	十三	うやまひを もつて たみが ほむる	（敬いをもって民が褒むる）
19頁	十四	びるぜんを もつて	（聖処女をもって）
21頁	十五	いつでも びるぜん なる	（いつでも聖処女なる）
22頁	十六	さんとすの ごろりやにて	（聖者の栄光にて）
23頁	十七	だびどの ことばに	（ダビデの言葉に）
27頁	十八	すぴりと さんと	（聖霊と聖者）
28頁	十九	たすかりが なからバ	（助かりがなければ）
29頁	廿	きりしたんよ、なんぢらハしきよを	（キリシタンよ、汝らは死

第6章　近代日本語文学の先駆者：プティジャン司教とド・ロ神父

去を）

33頁　廿一　ひとびと　みよ、ほどなく（人々、見よ、ほどなく）
35頁　廿二　さいごに、さいごに（最後に、最後に）
37頁　廿三　けふ　ぬしを（今日、主を）
41頁は「たつとき　ゆかりしちやの　つとめの　じふんに　うたふ　らちんこの　うたひ」と記して、ラテン語聖歌の歌題を、次頁から並べる。
42頁　あべ　べろむ（= Ave Verum Corpus）
43頁　おー　さるたりす（= O salutaris hostia）
44頁　りたに江　らうれたね（= Litaniae Lauretanae）
48頁　だー、ぱせむ　どみね（= Da pacem, Domine）
49頁　たんたむ　江るご　さからんとむ（= Tantum ergo）
50頁　ろだて　どみのむ（= Laudate Dominum）

　これらの歌はキリスト教を美しく伝えようとするもので、読みやすく、歌いやすいものだっただろうと思う。この歌集は、前年刊行の平易・通俗的な仮名中心の『オラシヨ並ニヲシヘ』[29]（1878年9月刊）の付録として出版されたもので、祈りを音楽的に補助するものであった。
　「プティジャン版」の刊行は、「常に迫害を受けている信徒たちに、実際の生活の中でキリストの教えを生きる道を教え、励まし、彼らの信仰と敬虔な心を育てるのに役立つものを求めていたプティジャンの思いが反映されている」と考えられている。[30]
　プティジャン司教の希望を受けたド・ロ版画の作成も仮名中心の表記を見せている。「悪人の最期」では「なんぢ　じゆうにして　われを

図3　『オラシヨ並ニヲシヘ』（1878年）、堂崎天主堂キリシタン資料館蔵

とほざかりたる　ゆゑ　いま　われ　より　とほざかれ」と悪人を突き放し、「善人の最期」では「天のうちに　むくゐハ　おほきなり」と善人を温かく迎え入れ、「人類の復活と公審判」は「くらゐハ　いま　なん乃　江きぞ」、「たからハ　いま　なん乃　江きぞ」「おのれの　あにまを　たすくる　事を　志らず」と世俗の価値の無意味さを諭している。

　「あにま」anima は、霊魂を意味するラテン語で、キリシタン時代の常用語であった。「天」は漢語の概念である。「じゆう」（自由）は、704 年の文献に現れて、『日本書紀』（720 年）に二箇所見え、「自分の心のままに行動できる」という意味であった。[31]『綏靖紀』では、「自由」を「ほしいまま」と読んでいた。ド・ロ版画の「じゆう」は「自由」の音読みで、福沢諭吉『西洋事情』（1866-70 年）における freedom と liberty の訳語「自由」の影響を受けたものだろうと思われる。文字数の少ないド・ロ版画においてもラテン語、英訳漢語、漢語を交えて和語を中心とする表記となり、多言語の並存が見られる。これは近代におけるキリシタン文学の継承といえよう。

4　プティジャン司教とド・ロ神父の随筆と短詩

　前記の『智慧明ケ乃道』（1877 年 10 月）は注目に値する。出版者は不明。扉に、「御主降生以来一千八百七十七年十月　智慧明ケ乃道　司教伯爾納（フレルヴォーのベルナルドゥス、聖ベルナルド）鐸　准」と三行に分けて記されている。最終頁に手書きの「深堀達」の字と蔵書印（判読困難）がある。書籍版は未見だが、上智大学蔵は写真版である。

　この薄い冊子は二つの内容から成る。前半は提灯の寓話を通して、漢字使用の無駄を批判し、後半の随筆は漢字無用論を展開している。前半の表記は四通りある。漢字・カタカナの「灯挑ノ　ハナシ」、漢字・ひらがなの分かち書きの「灯挑の　はなし」、分かち書きなしの「灯挑のはなし」、カタカナ・漢文調の「提燈ノ話」である。後半は二つのバージョンがあり、カタカナの「チエアケノミチ」とひらがなの「ちゑあけのみち」である。

　漢文調の寓話を除けば、漢字を極度に制限した表記なので、今の読書人にとっては読みやすいものとはいえない。寓話を片岡弥吉が漢字混じりの文章でうまく要約しているので引用する。

昔、ある所の県令から布告が出て、夜間の外出には提灯を携えなければならなくなった。翌晩、役人が街に出てみると、通行人たちは提灯をぶらさげてはいるが、ローソクをつけていない。役人から咎められて人々は言った。
「提灯を携帯せよ、とだけのご命令にございました。」
「提灯だけではなく、ローソクもいっしょだぞ」と役人は念をおした。
　だがその翌晩、人々が持ち歩いているのは、ローソクは入れながら火をともさない提灯だった。役人の尋問に答えて人々が言うには、
「火をつけて歩けとはうけたまわっていません」
　このたわいない寓話の心を、ド・ロさまは次のように解いている。
「文字は提灯の如きもの、ローソクは知識である。大切なことは文字を読むだけでなく、知識のローソクに火をつけて精神を照らすことでなければならない。近代学問が奨励されているけれども、人々はただむずかしい漢字を覚えるのに時間と精力を消耗し、大切な知識や学問を身につけることをなし得ないでいる。
　日本はいま開明におもむき、活版によって本を作り、人智をひらこうとする人々も多いのはよいことだが、残念ながら文章が難解で言葉もむずかしい。これでは知識のローソクに火をつけて精神を照らすことはできない。学者さえ、しばらく考えねば解らないような文字や文章では、そうして婦人や子供に読んでもらえるだろうか。▶32

　この概略を見れば、プティジャンおよびド・ロは、漢字のわずらわしさに悩まされて漢字の制限を主張していた。この寓話の結論の部分も漢字が僅少である。あえて漢字と句読点を混えて以下に引用する。

　　この通り諌め致しますのは、金をもうくる手立てをめぐらすのではござらぬ。かえりて日本人の人々を愛して、その不足を悲しみますによりて、早くこの国の人々をまことの開化によみがえしたく望みて、わざわざ元の蘭語通弁官本木昌造氏の長男小太郎氏の代理、安中氏某に依頼して新たに活字を鋳て、その便利を皆さまのごらんに入れたき者はすなわち、日本の

知音[33]。

というふうに、日本人の進歩のための老婆心を披露している。

　後半の随筆には次の意見がある。「げに漢字の少しも役に立たざることはもはや新聞紙を編む人の眼にも見えたるにや。日にまし月にまし新聞紙中の漢字のかたわらに、あまたのかなをつけて、多くの人々に売り出すなり。如何となれば、もし読むこと叶わざれば、その新聞紙を買うものなければなり[34]」と一喝している。

　漢字制限論を貫いていたプティジャンとド・ロが1877年に刊行した『光福教導』『たっときゆかりしちやのこと』『切支丹の聖教』は、ほとんど仮名で綴った金属活字版であった[35]。その漢字放棄の提案について片岡は「明治初年における在日外国人の漢字制限論」として注目している[36]。

　前記の『オラシヨ並ニヲシヘ』（1878年）について、片岡は「非常にわかりやすく、かみくだいた文章であり、ヲシエは調子をつけて暗記できるような文章になっている」と見ている[37]。その中の一節は天地万物に必ず創造主がいることを述べている。

　○トケイ　ノ　シカケト
　　　トトノエヲ
　　ミレバ　カナラズ
　　　コノ　トケイヲ
　　コシラエテ　マタ
　　　トトノフル
　　トケイシ　ガアルト
　　　シルゴトク
　　オホゾラ　ヲ　メグル
　　　日　ツキ　ホシ
　　チエ　ハ　ナケレド
　　　ノリ　ヲ　トリテ
　　タガワヌ　ユエニ
　　　ハカライマス

182

第６章　近代日本語文学の先駆者：プティジャン司教とド・ロ神父

　アルジ　ガ　アルヲ
　ワキマエヨ

また、七つの「慈悲の所作」を次のように表現している。

　ヒモジキ人ニハ　タベモノヲ（飢える人に食べ物を）
　カワキタル人ニ　ノミモノヲ（渇いた人に飲み物を）
　ビンボウナル人ニハ　キモノヲバ（貧乏なる人には着物を）
　ヤドナキ人ニハ　ヤドヤヲバ（宿なき人には宿屋を）
　ジユウナキ人ニハ　アガナイヲバ（囚人には贖いを）
　ビョウニンニハ　カイホウヲ（病人には介抱を）
　死ニシ人ニハ　サウレイヲ（死んだ人には葬礼を）
　カナフホドアタフルハ（叶うほど与えるのは）
　カラダノ七ツ　ジヒノショサ[38]（体の七つの慈悲の所作）

　外国人宣教師にとっては、漢字を覚えることは簡単なことではない。漢字習得によって消耗された貴重な時間を考え、また日々接触した非識字層の人々へ寄せた心情を察すれば、プティジャンとド・ロの漢字制限論は、無理のない要求だったといえよう。
　多忙な日々を過ごして漢字を学ぶ時間が限られていたド・ロは、ローマ字によって日本人と文章上のコミュニケーションをとっていた。そして話し言葉で十分に意思疎通ができていた。互いの交流のために大きな努力を注いでいたことが想像できる。神父から多くの技術と愛情を享けていた日本人は、神父との交流に問題はなかったし、神父自身も独特な言葉で、日本人に話しかけていたのであろう。
　ド・ロの帰天後、パリ外国宣教会年報に掲載された小伝は彼の日本語を伝えていて興味深い。「彼は面白い語り手だったし、全く個性的な、まねのできない創造的な言葉を引用した。時には話につまったり、ねれていない言葉にもたじろぐことはなかった[39]」と書いている。このような「創造的な言葉」こそが、宣教師の日本語文学の特徴の一つといえるだろう。
　ド・ロの出納簿には多数の事業の収支が毎日、丹念に記入されている。「一

字一字きざみつけるような堅実な筆跡から、きびしい個性がつたわってくる」と感じた鈴木正は、ある頁の片隅に同じ筆跡のローマ字でさりげなく書いたものを発見した。「鳥はふる巣に帰るといえども　ついに帰らぬおんがの町にわれの心はなぜにかようにござりましょうや」という一文である。氏は「たちまち二十五年前のあの孤独のにおいが、深い共鳴と共によみがえってきた。私は声をあげてこの望郷の歌を何度もくりかえすのだった」（1968年3月6日付『西日本新聞』）と述べている。「日本に来て四十六年間一度も故郷に帰らなかったのは、一度帰郷すれば、愛する外海にまたもどれるかどうかという不安があったからだと聖ヨゼフ会のある会員は語った」とも言及している。[40]

　日本二十六聖人記念館の創設者でスペイン人神父の結城了悟は、外海地方から日本人の聖職者がたくさん育ったのはド・ロ神父によって外海教会が育てられたからだとしている。「ド・ロ神父は、最後まで、本当に最後まで働いて、生命を終えた。ここには人びととの結びつきがあったから」と考えている。

　外海地方のド・ロ神父記念館から約1kmのところに、ド・ロがキリスト教信者のために建設した野道共同墓地がある。ド・ロ自身の墓もそこにある（章扉写真）。その墓碑銘には聖書の言葉が刻まれている。「あなたの苦しみと働きは虚しくなかった」と。[41]長崎の大浦からド・ロの遺体を外海に運んだのは信徒たちであった。だから今でもド・ロさまは外海で生きているのである。

　「プティジャン版」は、プティジャン司教とド・ロ神父によって、キリシタン用語の再使用を通して、キリスト教の宣教活動を豊かに展開してきた。その内容はヨーロッパ、中国、日本の宗教、思想、美術、音楽を含ませて、多言語多文化的な特色を生み出している。「プティジャン版」は、近代日本における外国人の日本語文学の嚆矢（こうし）といえよう。「当時の日本の一番貧しい人、一番圧迫されている人、一番見捨てられた人たち」に全生涯を捧げて、故郷に帰る暇もなかったド・ロ神父の精神が、この日本語文学に息づいていることを忘れるべきではない。[42]

§ 注

- 1　片岡弥吉『ある明治の福祉像：ド・ロ神父の生涯』日本放送出版協会、1977 年初版、96 年 3 刷、152 頁。
- 2　髙祖敏明『本邦キリシタン布教関係資料（一八六五――八七三年）プティジャン版集成　解説』雄松堂書店、2012 年、15 頁。純心女子短期大学長崎地方文化史研究所編、発行『プティジャン司教書簡集』純心女子短期大学、1986 年、80、113-114 頁。
- 3　同、44-45 頁。F. Marnas, *La Religion de Jésus (Yaso Ja-kyô), Ressuscitée au Japon dans la seconde moitié du, XIXe siècle*. Tome 2, Paris, Delhomme et Briguet, 1897 ?, p. 598.
- 4　フランシスク・マルナス著、久野桂一郎訳『日本キリスト教復活史』みすず書房、1985 年、273 頁。
- 5　ヨハネ・ラウレス「プティジャン司教とキリシタン伝統」『カトリック研究』第 20 巻第 2 号、1940 年、95 頁。
- 6　前掲、片岡弥吉『ある明治の福祉像：ド・ロ神父の生涯』45-46 頁。
- 7　前掲、髙祖敏明『本邦キリシタン布教関係資料（一八六五――八七三年）プティジャン版集成　解説』29-37 頁。
- 8　同、121-123 頁。
- 9　同、137 頁。
- 10　海老沢有道「阿部真造：維新前後における一知識人の足跡」『史苑』21(2)、1960 年 12 月；改訂再収は海老沢有道『維新変革期とキリスト教』新生社、1968 年。
- 11　松藤英恵「日仏語学交流事始――辞書を創った人々」園田尚弘・若木太一編『辞書遊歩――長崎で辞書を読む』九州大学出版会、2004 年、128、178 頁。
- 12　田中用次郎「外海町出津の信者：中村近蔵・島崎近太郎おぼえ書」『長崎談叢』61 号、1978 年 3 月、24 頁。
- 13　お告げのマリア修道会編・発行『出津修道院 100 年の歩み（1879 〜 1979）』1980 年、27 頁。
- 14　外海町役場編集・発行『外海町誌』1974 年、254-257 頁。
- 15　前掲、片岡弥吉『ある明治の福祉像：ド・ロ神父の生涯』136-138 頁。
- 16　同、138 頁。
- 17　同、139 頁。
- 18　同、149 頁。
- 19　矢野道子『ド・ロ神父　黒革の日日録』長崎文献社、2006 年、14-15 頁。
- 20　片岡弥吉「印刷文化史におけるド・ロ神父」『キリシタン文化研究会会報』9（2）、1966 年、12 頁。

- 21 同。片岡は『切支丹の聖教』の刊行年を不詳としたが、高祖敏明は刊行年を 1877、1883 年としている。
- 22 前掲、ヨハネ・ラウレス「プティジャン司教とキリシタン伝統」『カトリック研究』第 20 巻第 2 号、1940 年、93-94 頁。
- 23 前掲、片岡弥吉『ある明治の福祉像：ド・ロ神父の生涯』150-151 頁。
- 24 同、151-152 頁。
- 25 前掲、矢野道子『ド・ロ神父　黒革の日日録』33-34 頁。
- 26 エヴァルト・ヘンゼラー著、時光芳恵訳「ド・ロさまの歌：明治時代の手書き聖歌集について」『エリザベト音楽大学研究紀要』第 12 巻、1992 年、117-128 頁。
- 27 *Séminaire des Missions-Étrangères,* LC. 55, (1915), p. 212, "Mais le curé de Shitsu su voulait avoir des offices liturgiques dans son église; il donna des leçons de chant à ses chrétiens et se fatigua, dans cette circonstance, jusqu'à en cracher le sang.《Au lieu de donner da la voix, écrivait-il, je suis réduit à siffler le Kyrie et le Gloria.》Il n'en continua pas moins ses leçons, et il eut les offices liturgiques qu'il désirait." 中村近蔵「明治初年の開拓者ド・ロー師を憶ふ（一）」『声』No. 810, 1943 年 9 月、44 頁。
- 28 エヴァルト・ヘンゼラー著、安足磨由美訳「『きりしたんのうたひ』（1878）：明治時代のある聖歌集について」『東洋音楽研究』60 号、1995 年、21 頁。
- 29 前掲、高祖敏明『本邦キリシタン布教関係資料（一八六五一一八七三年）プティジャン版集成　解説』16 頁。
- 30 同。
- 31 井上能孝「Liberty の翻訳語＜自由＞の成立過程を探る——箱館英学に発掘された足跡」『函館大学論究』34 号、2003 年、3-4 頁。
- 32 前掲、片岡弥吉「印刷文化史におけるド・ロ神父」58-59 頁。
- 33 『智慧明ケ乃道』ひらがな・分かち書き「てうちんのはなし」の 3-4 頁。
- 34 『智慧明ケ乃道』カタカナの「チエアケノミチ」の 1 頁。
- 35 前掲、片岡弥吉「印刷文化史におけるド・ロ神父」59 頁。
- 36 同、57 頁。
- 37 同、59-60 頁。
- 38 同、59-62 頁。
- 39 前掲、片岡弥吉『ある明治の福祉像：ド・ロ神父の生涯』222 頁。
- 40 前掲、外海町編集・発行『外海町誌』264-266 頁（片岡弥吉執筆）。
- 41 結城了悟「特別講演Ⅱ キリシタン時代の社会福祉とド・ロ神父」『日本病院会雑誌』33 集 4 号、1986 年 4 月、27 頁。墓碑銘の判読が不可能なため、結城了悟神父の判読を参照にしている。この言葉は、聖パウロがコリントの信徒への手紙（第一章、15:58）

にある「主に結ばれているならば自分たちの苦労が決して無駄にならないことを、あなたがたは知っているはずです」という意味だろうと思われる。結城了悟『キリシタン時代からの声』長崎純心大学博物館、2007 年、112-113 頁。
▶ 42　前掲、結城了悟『キリシタン時代からの声』115 頁。

ド・ロ神父肖像画。大石七凰・画(ド・ロ神父記念館蔵)

おわりに　ド・ロ版画の多文化的イメージ

郭　南燕

　画像は文字ほどの国境性がなくても、地方と民族によってさまざまな理解と誤解を生み出す可能性がある。そのため、観る者の環境や文化を取り入れて、理解を助けることが重要である。

　ド・ロ版画は、ヨーロッパ大陸から東アジアの島国までおよそ400年の旅を歩んできて、受容されてきたものであり、さらに日本国内で100年以上の流布を経験している。画面に西洋、中国、日本の宗教、思想、民間信仰を凝縮させ、言語的・文化的交流の結晶が現われている。そして、明治初期の人々の理解を助ける工夫も散見されている。

　この経路を整理すると次のようになる。発芽期は1490年代の *Ars moriendi*（往生術）で、開花期は1593年のナダールの *Evangelicae Historiae Imagines*（福音書物語図解）である。分枝として現れた中国的バージョンはローチャの『誦念珠規程』（1620年ごろ）、アレニの『天主降生出像経解』（1637年）、シャールの『進呈書蔵』（1640年）である。直接の受粉期は1869年のヴァスール作『玫瑰経図像十五端』『聖教聖像全図』『救世主実行全図』『教要六端全図』で、決定的な養分は明治初期まで続いた250年にわたるキリシタン迫害の歴史であった。

　画中の人物は、喜怒哀楽の表情をもって生き生きとしたメッセージを伝えてくれる。キリシタンの子孫たちよ、カトリック教会に戻ってくれ。異教徒よ、キリスト教に帰依してくれ。俗世間の名誉・金銭・地位や既存信仰を放棄してキリスト教を信奉していれば、天国へ行ける、という明快な内容である。

　日本の「勧善懲悪」観と矛盾せず、仏寺の地獄図と似た地獄・煉獄が繰り広げられている。ヨーロッパ人の聖者・天使・司祭、日本人の庶民、中国人らしい姿の子供が一堂に集まり、当時の長崎風俗を再現している。地獄と人界を往

復し、空中を跳梁する怪物たちは恐ろしいながら、ユーモラスでさえある。

　ド・ロ版画は、キリスト教の天国と煉獄と地獄の考えをよく表し、色彩と音楽に彩られた天国への憧れを植え付けようとしている。これをもって教義教理を説明していたので、たちまち人の関心を惹きつけることができたのであろう。明治初期のパリ外国宣教会の宣教師と日本人伝道師の説教の情景と、それに耳を傾けていた老若男女の表情もおのずと目に浮かんでくる。

　キリスト教の宣教活動にとっては、画像は文字と共助関係にあり、文字にイメージを与え、文字によってイメージが解説される。ヴァスールの数々の挿絵と、となりのページのテキストはこのような共助関係を物語っている。文字のみの限界と画像のみの限界を一気に乗り越えている。

　それを模倣したド・ロ版画は挿絵ではないので、ヴァスール本にあったテキストはないが、画面上にひらがなを中心とする言葉がいくつか現れている。「なんぢ　じゆうにして　われを　とほざかりたる　ゆゑ　いま　われ　より　とほざかれ」（悪人の最期）、「くらゐハ　いま　なんの　江きぞ」「たからハ　いま　なんの　江きぞ」「おのれの　あにまを　たすくる　事を　志らず」（人類の復活と公審判）、「天のうちに　むくゐハ　おほきなり」（善人の最期）などの文言である。キリシタン子孫たちに馴染みの深い表記であるし、子供や非識字層の人々にも親しまれやすいものであった。このような文字とイメージとの共助関係もまたド・ロ版画によって模倣されているのである。

　そこでは、キリスト教のみを信ぜよ、というメッセージ性は強いものの、他宗教（仏教、神道、民間信仰）のイメージの導入によって、観る者に親近感を与え、身近なものとして受け入れやすい素地を作りあげている。絵師、彫師の正体は知られていないものの、幅広く利用されていたようである。

　キリスト教をめぐって日本と中国の関係者が早くから美術交流を始めたことは知られている。1597年に九州のセミナリヨ（小神学校）で日本人学生は、スペイン・セビリアの大聖堂の壁画「アンティグアの聖母」を模写した銅版画を手本として、精緻な銅版画「聖母子」を制作した。それが中国へ持ち出され、マテオ・リッチによって、著名な製墨家の程大約に送られ、木版画による模倣品「天主図」として『程氏墨苑』（1606年）に収載されることになる。

　『程氏墨苑』は、天文学を中心とした図解書である。リッチの指導を受けたためか、数葉の絵を墨版に多色摺で印刷して、中国印刷界に美術的色彩感をも

おわりに　ド・ロ版画の多文化的イメージ

つ版画の誕生をもたらしたとされている。リッチの贈り物4枚の模倣は多色摺りされていないが、この先駆的な画集に収録され、注目を浴びていたことは想像できる。

　日本と中国との美術交流は、250年余りのキリシタン迫害によって、中断された。しかし、1865年の潜伏キリシタンの復活以降、プティジャン司教とド・ロ神父らの努力によって再開された。上海で実践したヴァスールの絵画宣教を手本として、プティジャン版『弥撒拝礼式』(1869年)の各ページの縁飾りの文様を生み出した。さらにヴァスールの挿絵入り『玫瑰経図像十五端』(1869年)を模倣・変形しながら、『玫瑰花冠記録』と『ろざりよ十五のみすてりよ図解』(1871年)を明治初期のキリシタン迫害の最終期において刊行した。

　文字を中心とする「プティジャン版」を視覚化したのがド・ロ版画である。内容のわかりやすさと、色彩の鮮やかさは、当時の宣教にとっては非常に役に立っただろうと思う。

　本書はド・ロ版画のルーツを考察しながら、凄惨な迫害にもかかわらず、信仰を維持し続けたキリシタン子孫たちに抱いたプティジャン司教とド・ロ神父の気持ちを表したラテン系語彙を含むひらがな中心の表記を視野に収めている。それは日本人とともに近代文化を築いてきた宣教師の日本語文学の出発点でもある。

　本研究は、ユニット「キリシタン文学の継承：宣教師の日本語文学」の代表郭南燕とメンバーの李梁（弘前大学）が2015年3月に長崎県外海の「ド・ロ神父記念館」に展示されているド・ロ版画の前で釘付けになったその瞬間に始まった。それから2ヶ月後、郭は上海の「土山湾博物館」を訪れてヴァスールの挿絵と出会い、ド・ロ版画との深いつながりについて研究する価値を感じた。メンバーの趙建明（復旦大学）と望月みや（キリスト教美術史家）の指導のもとで、土山湾の芸術がド・ロ版画に与えた影響に関する研究を今日まで続けてきた。メンバーたちの九州地方への度重なる旅行、上海図書館と徐家匯蔵書楼における十数回の調査が本書に結実した。

　本書刊行まで実に多くの研究者から協力を得たことを詳細に記して、衷心より感謝の意を表したいと思う。中国では周鶴鳴・張偉（上海図書館）、陳加英（上海現代管理研究中心）、宋浩玉（上海市徐匯区文化局）、李天綱（復旦大学）、王

191

仁芳・徐錦華・周仁偉（徐家匯蔵書楼）、劉麗嫺（浙江理工大学）、陸越（浙江工商大学）、李丹丹（上海明珠美術館）の諸氏、日本では、渡辺隆義（大江天主堂）、久志ハル子・赤窄須美子（お告げのマリア修道会）、宮田和夫（日本二十六聖人記念館）、野下千年（カトリック長崎大教区）、内島美奈子・島由季（大浦天主堂キリシタン博物館）、小瀬良明（カトリック浦頭教会）、堂崎天主堂キリシタン資料館、中尾徳仁（天理参考館）、赤川正秀（大刀洗町教育委員会）、常川和宏（南山手美術館）、中園成生（平戸市生月町博物館・島の館）、中山圭（天草市観光文化部世界遺産推進室）、矢田純子・末吉千夏（長崎歴史文化博物館）、脇田安大（ながさき地域政策研究所）、サイモン・ハル（長崎純心大学）、八木拓也・酒井恵子（スタジオライズ）、山崎信一、シルビア・モリシタ、谷口愛子、平野正敏の諸氏である。

口絵にある、お告げのマリア修道会と大浦天主堂キリシタン博物館と堂崎天主堂キリシタン資料館の収蔵品、上海徐家匯蔵書楼の蔵書の撮影は郭南燕が担当し、大江天主堂所蔵のド・ロ版画の撮影は鄭巨欣氏（中国美術学院）が行った。

刊行を快諾してくださった創樹社美術出版の伊藤泰士社長と、これまでもお世話になり、企画段階からアドバイスと鞭撻を与えてくれた編集者の赤羽高樹氏と装丁者の飯田佐和子氏、組版の新井満氏に深甚なる謝意を捧げたい。

国際日本文化研究センターの井上章一氏（本研究ユニット現代表）の激励と指導、石上阿希、藤川剛、渡邊はるか、図書館員諸氏の協力がなければ、本書の刊行は難しかっただろう。ここ数年、「総合書物学」の一環である本研究ユニットに対して最大の協力を惜しまなかった大学共同利用機関法人・人間文化研究機構、国文学研究資料館、国際日本文化研究センターの関係者一同にお礼を申し上げる。過去4年半、暖かく見守り、本研究の価値を肯定・評価すると同時に絶えず鞭撻してくださった横田冬彦（元京都大学）、若尾政希（一橋大学）両氏のご明察により、本研究が成果を生み出しつづけることが可能となったのである。

§ 注

▶1　町田恵一『江戸前期上方色摺史の研究——グローバルな進化の過程の下で』印刷学会出版部、2017年、257頁。

■ 引用文献

和文

あ行

青木茂編『明治洋画史料　記録篇』中央公論美術出版、1986 年
姉崎正治『切支丹禁制の終末』同文館、1926 年
フィリップ・アリエス著、伊藤晃・成瀬駒男訳『死と歴史：西欧中世から現代へ』みすず書房、1983 年初版、1987 年 6 刷
池田敏雄『ビリヨン神父：慶応・明治・大正・昭和史を背景に』中央出版社、1965 年
────『人物中心の日本カトリック史』サンパウロ、1998 年
伊藤信博「フランス国立図書館所蔵の宣教師による西書漢訳著書について」『多元文化』11 号、2011 年 3 月
────「フランス国立図書館所蔵のイエズス宣教師による西洋科学漢訳書について」『多元文化』13 号、2013 年 3 月
井上能孝「Liberty の翻訳語＜自由＞の成立過程を探る──箱館英学に発掘された足跡」『函館大学論究』34 号、2003 年
内田慶市『近代における東西言語文化接触の研究』関西大学出版部、2001 年
内田慶市・柏木治編訳『東西文化の翻訳──「聖像画」における中国同化のみちすじ』関西大学東西学術研究所 訳注シリーズ 14、関西大学出版部、2012 年
浦川和三郎『切支丹の復活』前篇、日本カトリック刊行会、1927 年
────『切支丹の復活』後編、日本カトリック刊行会、1928 年
江口源一「ド・ロ様と出津文化村」『長崎談叢』77 輯、1991 年 1 月
江口正一編『日本の美術 144　踏絵とロザリオ』至文堂、1978 年
────『ドロさま小伝』著者刊行、九州印刷（株）印刷、1993 年
海老沢有道『切支丹典籍叢考』拓文堂、1943 年
────「阿部真造：維新前後における一知識人の足跡」『史苑』21(2)、1960 年 12 月
────『維新変革期とキリスト教』新生社、1968 年
海老沢有道、H・チースリク、土井忠生、大塚光信『キリシタン書　排耶書　日本思想体系 25』岩波書店、1970 年
オイレンブルグ伯著、日独文化協会翻訳・発行『第一回独逸遣日使節日本滞在記』刀江書院、1940 年

大内田貞郎「キリシタン版について」印刷史研究会編『本と活字の歴史事典』柏書房、2006年

――――「「キリシタン版」に「古活字版」のルーツを探る」張秀民、大内田貞郎、豊島正之、鈴木広光、小宮山博史、宮坂弥代生、佐賀一郎、劉賢国、孫明遠、内田明、小形克宏共著『活字印刷の文化史』勉誠出版、2009年

小栗栖健治『熊野観心十界曼荼羅』岩田書院、2011年

お告げのマリア修道会『出津修道院100年の歩み（1879〜1979）』私家版、1980年

小野忠重『版画：見かた・作りかた』社会思想社、1964年

――――『日本の石版画』美術出版社、1967年

――――『江戸の洋画家』三彩社、1968年

か行

郭南燕『ザビエルの夢を紡ぐ――近代宣教師たちの日本語文学』平凡社、2018年

陰山㝫編『ツルペン神父の生涯とその思い出』中央出版社、1963年

片岡弥吉「阿部真造について」『キリシタン研究』第6輯、1961年

――――「印刷文化史におけるド・ロ神父」『キリシタン文化研究会会報』9（2）、1966年

――――『ある明治の福祉像　ド・ロ神父の生涯』日本放送協会出版、1977年

片岡弥吉校注「こんちりさんのりやく」『キリシタン書　排耶書　日本思想大系25』岩波書店、1970年

カトリック中央協議会著・発行『ローマ・ミサ典礼書の総則：暫定版』2004年

カトリック山手教会編集・発行『聖心聖堂百二十年史――横浜天主堂から山手教会への歩み』1982年

神奈川県立近代美術館編『神奈川県美術風土記』有隣堂、1970年

鎌田慧「外海町　炭鉱とキリシタンの街　第4回　ド・ロ神父小伝」『晨』17集8号、1998年8月

紙谷威広『キリシタンの神話的世界』東京堂出版、1986年

川村信三「キリシタン版挿絵教理書とその原型（ヨーロッパ版）との比較」浅見雅一編『近世印刷史とイエズス会系「絵入り本」』慶應義塾大学文学部、2014年

岸野久『西欧人の日本発見――ザビエル来日前日本情報の研究』吉川弘文館、1989年

木場田直『キリシタン農民の生活』葦書房、1985年

木村三郎『ニコラ・プッサンとイエズス会図像の研究』中央公論美術出版、2007年

京都国立博物館ほか編『シーボルトと日本』朝日新聞社、1988年

くもん子ども研究所編著『浮世絵に見る江戸の子どもたち』小学館、2000年

クレイグ・クルナス著、武田雅哉訳『図像だらけの中国：明代のヴィジュア』図書刊行会、

2017 年

黒田日出男「〈唐子〉論──歴史としての子どもの身体をめぐって」東京国立文化財研究所編『人の〈かたち〉人の〈からだ〉──東アジア美術の視座』平凡社、1994 年

─────「中世日本の唐子──子どものイメージ史のために」『教育学年報』8 号、2001 年

小池寿子『マカーブル逍遥』青弓社、1995 年

─────『死を見つめる美術史』筑摩書房、2006 年

高祖敏明『本邦キリシタン布教関係資料（一八六五──八七三年）プティジャン版集成　解説』雄松堂書店、2012 年

国際浮世絵学会『浮世絵大事典』東京堂出版、2008 年

国文学研究資料館文献資料部編『調査研究報告』22 号、2001 年

越中哲也「表紙のことば：ド・ロ版画（一）」『長崎談叢』第 65 輯、1982 年

小島幸枝『キリシタン文献の国語学的研究』武蔵野書院、1994 年

五来重『日本人の地獄と極楽』人文書院、1991 年

さ行

佐々木哲哉ほか『九州の民間信仰』明玄書房、1973 年

フランシスコ・ザビエル、河野純徳訳『聖フランシスコ・ザビエル全書簡』3、平凡社、1994 年

イザベル・サン＝マルタン「フランスのキリスト教入門教育における絵解き説教──宣教師向け絵解き図像がいかに作られたか、16 世紀から 20 世紀までの歴史を振りかえる」原聖訳、小池淳一・林雅彦編『唱導文化の比較研究　人間文化叢書　ユーラシアと日本──交流と表象──』岩田書院、2011 年

出津カトリック教会（田中用次郎編集委員）『出津教会誌』出津カトリック教会発行、1983 年

柴田篤（研究代表）『幕末明治期における明清期天主教関係漢籍の流入とその影響に関する基礎的研究』九州大学文学部、1993 年

ロジェ・シャルチェ著、長谷川輝夫・宮下志朗訳『読書と読者』みすず書房、1994 年

純心女子短期大学・長崎地方文化史研究所編『プティジャン司教書簡集』純心女子短期大学、1986 年

松柏「珍事五カ国横浜はなし・神奈川渡しと天主堂」石井光太郎・東海林静男編『横浜どんたく』下巻、有隣堂、1973 年

鈴木広光『日本語活字印刷史』名古屋大学出版会、2015 年

J・スピーク著、中山理訳『キリスト教美術シンボル事典』大修館書店、1997 年

外海町役場編集、発行『外海町誌』1974 年

た行

高木一雄『明治カトリック教会史　2』教文館、2008 年

鷹巣純「総説　日本人と地獄のイメージ」『富山県［立山博物館］開館 10 周年記念資料集　地獄遊覧――地獄草紙から立山曼荼羅まで』富山県［立山博物館］、2001 年

田中用次郎「外海町出津の信者：中村近蔵・島崎近太郎おぼえ書」『長崎談叢』61 号、1978 年 3 月

千沢楨治・西村貞・内山善一編『キリシタンの美術』宝文館、1961 年

パスクワーレ・M・デリア「中国キリスト教美術の起源（1583―1640）」内田慶一・柏木治編訳『東西文化の翻訳：「聖画像」における中国同化のみちすじ』関西大学出版部、2012 年

土井忠生ほか編訳『邦訳日葡辞書』岩波書店、1980 年

東京都美術館編集・発行『日本銅版画史展――キリシタン渡来から現代まで』1982 年

豊島正之『キリシタンと出版』「付録　イエズス会刊行キリシタン版一覧」八木書店、2013 年

な行

長崎県教育委員会編・発行『長崎県文化財調査報告書　第 48 集　長崎県歴史資料調査キリシタン関係資料　長崎県文化財調査報告書　第 153 集』1980 年

――――――――――『長崎県のカクレキリシタン――長崎県カクレキリシタン習俗調査事業報告書』長崎県文化財調査報告書第 153 集、1999 年

『「長崎の教会群とキリスト教関連遺産」構成資産候補建造物調査報告書：長崎県・長崎市・佐世保市・平戸市・五島市・小値賀町・新上五島町』長崎県世界遺産登録推進室、2011 年

長崎市『大浦天主堂及び教会施設調査報告書』長崎市、2012 年

長崎市役所編・発行『長崎市史風俗編』上巻、1925 年

中島政利『福音伝道者の苗床：長崎公教神学校史』聖母の騎士社、1977 年

中根勝『日本印刷技術史』八木書店、1999 年

永見徳太郎「長崎版画切支丹絵の報告」『浮世絵界』3 巻 3 号、1938 年 3 月

――――――『長崎乃美術史』夏汀堂、1927 年、復刻版：臨川書店、1974 年

中村近蔵「明治初年の開拓者ド・ロー師を憶ふ（一）」『声』810 号，1943 年 9 月

中村博武『宣教と受容――明治期キリスト教の基礎的研究』思文閣出版、2000 年

西村貞『日本銅版画志』書物展望社、1941 年

日本学士院日本科学史刊行会編『明治前日本応用化学史』日本学術振興会、1963 年

は行

原聖「キリスト教絵解き宣教師たちを追って」『ふらんぼー』22号、1995年

――「ドロ神父の絵解き」『女子美術大学紀要』26号、1996年

――「キリスト教絵解き説教の系譜をめぐって」『絵解き研究』13号、1997年

――「キリスト教絵解きと日本」『立教大学日本学研究所年報』No.2、2003年3月

――「キリスト教の絵解き」『国文学解釈と鑑賞』2003年6月号

――「近世キリスト教と唱導」『国文学解釈と鑑賞』2007年10月号

――「日本に入ったキリスト教絵解き」『アジア遊学』(キリシタン文化と日欧交流) 127号、2009年

――「キリスト教絵解きの伝播――東アジア地域を中心として――」林雅彦・小池淳一編『唱導文化の比較研究』岩田書院、2011年

――「研究大会報告概要　民衆文化としての絵解き:キリスト教絵解きの比較文化論」『日本仏歴史学会会報』28号、2013年6月

パリ外国宣教会、松村菅和・女子カルメル修道会訳『パリ外国宣教会年次報告Ⅰ(1846〜1893)』聖母の騎士社、1996年

樋口弘編著『長崎浮世絵』味燈書屋、1971年

ビリヨン閲、加古義一編『　』京都:村上勘兵衛、1887年

プティジャン版『聖教要理問答』(1865年)、『聖教初学要理』(1868、1869、1872、1875、1878年)、『聖教日課』(1868年、1871年)、『御久類寿道行のおらしよ』(1869年)、『胡無知理佐无の略』(1869年)、『とがのぞきの規則』(1869年)、『玫瑰花冠記録』(1869年?)、『弥撒拝礼式』(1869年)、『ろざりよ十五のみすてりよ図解』(1871年)、『煉獄説畧』(1872年)、『智慧明ケ乃道』(1877年)、『切支丹の聖教』(1877、83年)、『オラシヨ並ニヲシヘ』(1878年)、『きりしたんのうたひ』(1879年)

ヘボン著、高谷道男編訳『ヘボン書簡集』岩波書店、1959年

エヴァルト・ヘンゼラー著、時光芳恵訳「ド・ロさまの歌:明治時代の手書き聖歌集について」『エリザベト音楽大学研究紀要』第12巻、1992年

――――――――――――、安足磨由美訳「『きりしたんのうたひ』(1878):明治時代のある聖歌集について」『東洋音楽研究』60号、1995年

ヨハン・ホイジンガ著、兼岩正夫、里見元一郎訳『ホイジンガ選集6　中世の秋』河出書房新社、1989年

ま行

前田福太郎『日本写真師始祖　下岡蓮杖』新伊豆社、1966年

増野恵子「日本に於ける石版術受容の諸問題」青木茂編『近代日本版画の諸相』中央公論美術出版、1998 年

町田恵一『江戸前期上方色摺史の研究──グローバルな進化の過程の下で』印刷学会出版部、2017 年

町田市立国際版画美術館・河野実編『「中国の洋風画」展──明末から清時代の絵画・版画・挿絵本』町田市立国際版画美術館、1995 年

松藤英恵「日仏語学交流事始─辞書を創った人々」園田尚弘・若木太一編『辞書遊歩──長崎で辞書を読む』九州大学出版会、2004 年

カルディナル・マニング著、浦川和三郎訳『永遠の司祭』長崎公教神学校、1939 年

フランシスク・マルナス著、久野桂一郎訳『日本キリスト教復活史』みすず書房、1985 年

文部科学省教育課程課・幼児教育課編『初等教育資料』(586) 東洋館出版社、1992 年

や行

矢沢利彦編訳『イエズス会士中国書簡集 6 (信仰編)』平凡社、1974 年

柳宗玄・中森義宗『キリスト教美術図典』吉川弘文館、1990 年

矢野道子『ド・ロ神父黒革の日日録』長崎文献社、2006 年

山口才一郎「下岡蓮杖の写真事歴」『日本近代思想大系 17 美術』岩波書店、1989 年

結城了悟「特別講演Ⅱキリシタン時代の社会福祉とド・ロ神父」『日本病院会雑誌』33 集 4 号、1986 年 4 月

─── 『キリシタン時代からの声』長崎純心大学博物館、2007 年

横浜開港資料館編集・発行『横浜もののはじめ考』第 3 版、2010 年

ら行

ヨハネ・ラウレス「プティジャン司教とキリシタン伝統」『カトリック研究』第 20 巻第 2 号、1940 年

クラマン・柳茂安（ル モアヌ）「横浜聖心聖堂の沿革（文久 2 年より昭和 21 年末に至る）」板垣博三『横浜聖心聖堂創建史』エンデルレ・ルーペルト、1987 年

わ行

若桑みどり『聖母像の到来』青土社、2008 年

中文

何珂「中国基督教芸術本色化的四個歴史時期」『金陵神学志』第 1 期、2001 年

何俊・羅群「『出像経解』与晩明天主教的伝播特徴」『現代哲学』2008 年第 4 期

賀聖鼎「三十五年来中国之印刷術」張静盧編輯注釈『中国近代出版史料』初編、初版は群聯出版社、1953 年、重版は上海書店出版社、2003 年

柯律格著、黄暁鵑訳『明代的図像与視覚性』北京大学出版社、2011 年

艾儒略 (アレニ、Giulio Aleni)『天主降生出像経解』1637 年、晋江景教堂刊行

許静波『石頭記：上海近代石印業研究 (1843–1956)』蘇州大学出版社、2014 年

曲徳森・胡福生編『中国印刷発展史図鑑』(下)、山西出版伝媒集団、山西教育出版社、北京芸術与科学電子出版社、2013 年

『経書総目 Catalogus Librorum Venalium in Orphanotrophio Tou-sai-vai』Chang-Hai（上海）：Ex typographia missionis catholice（上海西門外土山湾慈母堂），1876

呉洪亮「従『道原精萃』到『古史像解』」『文芸研究』1997 年 2 期

高龍磐（コロンベル、Augustinus Colombel）著、張廷爵訳『江南伝教史』天主教上海教区光啓社、輔仁大学天主教史研究中心、2017 年

史式徽 (Joseph de la Servière) 著、天主教上海教区資料訳写組訳『江南伝教史』上海訳文出版社、1983 年

上海市地方志辨公室編『上海房地産志』の「第二篇私営房地産業・第二章外商」1998 年、on-line 版

上海土山湾慈母堂刊『救世主実行全図』1969 年（金陵天主堂は名義版元）

―――――――『聖教聖像全図』1969 年（推定）

―――――――『救世主預像全図』1869 年（金陵天主堂は名義版元）

―――――――『教要六端全図』1869 年（金陵天主堂は名義版元）

―――――――『玫瑰経図像十五端』1869 年

―――――――『諸聖宗徒行実聖像』1869 年

―――――――『道原精萃図』1887 年

鄒振環「土山湾印書館与上海印刷出版文化的発展」『重拾土山湾碎片』(上)、上海錦繍文章出版社、2013 年

鍾鳴旦 (Nicolas Standaert) ほか『徐家匯蔵書楼明清天主教文献』輔仁大学神学院、1996 年

張偉「土山湾画館初探」黄樹林編『重拾土山湾碎片』下、上海錦繍文章出版社、2013 年

――「晩清上海石印業の発端与拓展」『歴史文献』1 期、2014 年

張暁依「那些被淡忘的霊魂：土山湾印書館之歴任負責人」『重拾土山湾碎片』(上)、上海錦繍

文章出版社、2013 年

程大約『程氏墨苑』1605 年、1606 年再刊

湯若望（シャール、Johann Adam Schall von Bell）『進呈書像』（1640 年）

梅娜芳『墨的芸術：「方氏墨苑」和「程氏墨苑」』中国美術学院博士学位論文、2011 年

若望・拉庫蒂安編著、張依納編訳『耶蘇会五百年史年表 1492 ～ 1991』天主教上海教区光啓社、2009 年

楊麗瑩『清末民初的石印術与石印本研究：以上海地区為中心』上海古籍出版社、2018 年

羅儒望（ローチャ、João Da Rocha）『誦念珠規程』（1620 年ごろ）

『洛陽伽藍記』約 547 年

李丹丹「清末耶蘇会士芸術家范世熙：発軔於土山湾孤児院的天主教図像集研究」（中国美術学院博士学位論文、2015 年 5 月提出）

李天綱「土山湾：上海近代文化的重要淵源」」『重拾土山湾砕片』（上）、上海錦繍文章出版社、2013 年

欧文

Ars moriendi, Germany, 1475?

Albert Chan, *Chinese Books and Documents in the Jesuit Archives in Rome*, New York, London: M. E. Sharpe, 2002

Craig Clunas, *Pictures and Visuality in Early Modern China,* London: Reaktion Books, 1997（中国語訳、和訳あり）

M. Henri Cordier, *L'Imprimerie Sino-Européenne en Chine: Bibliographie des Ouvrages Publiés en Chine par les Européens*, Paris: Imprimerie Nationale, 1901; rpt. Tenri Central Library, Yushodo Boooksellers Ltd. 1977

Pasquale M. D'Elia, *Le origini dell'arte cristiana cinese(1583-1640)*, Roma: Reale Accademia d'Italia, 1939

Henry Doré, *Research into Chinese Superstitions,* Shanghai: Tusewei Printing Press 1922

Ecclesiastical, "Statistic of the Catholic Mission in The Province of Kiangnan, Made in July, 1858", *The North-China Herald*, No. 438, December 8, 1858

Hara, Kiyoshi, "The Image Narrative by the father De Rotz (1840-1914): encounter moment of the cultural traditions between Brittany and Japan," *Celtic Forum*, No. 1, 1996

D. J. Kavanagh, *The Zi-ka-wei Orphanage*, San Francisco: The J. H. Barry Company, 1915 (?)

Noriko Kotani, "Studies in Jesuit Art in Japan," Ann Arbor: UMI Dissertation, 2010

引用文献

Johannes Laures, *Kirishitan Bunko*, Tokyo, 1940

Francisque Marnas, *La Religion de Jésus (Yaso Ja-kyô), Ressuscitée au Japon dans la seconde moitié du, XIXe siècle.* Tome 2, Paris, Delhomme et Briguet, 1897？

Les Missionnaries, *La Compagnie de Jésus en Chine: le Kiang-Nan en 1869,* Paris: E. De Soye, Imprimeur-éditeur, 1869

Les Missions Catholiques, Janvier 1873 - Decémbre 1899

Jerónimo Nadal, *Adnotationes et meditationes in Evangelia qvae in sacrosancto Missae sacrificio toto anno legvntur : cum Evangeliorvm concordantia historiae integritati sufficienti,* Antuerpiae: Excudebat Martinus Nutius, 1595（『福音書についての注解と瞑想』）

Hieronymo Natali, *Evangelicae historiae imagines: ex ordine euangeliorum, quae toto anno in missae sacrificio recitantur, in ordinem temporis vitae Christi digestae,* Antuerpiae, 1593（『福音書物語図解』）

Jerome Natalis, *Tableaux sacrez de la vie,* Paris: Chez Jean-Baptiste Loyson, 1676

――――――, *La vie de N. S. Jésus-Christ,* Paris: A. Pilon, 1857

J. De La Servière, *Histoire De La Mission Du Kiang=Nan,* tome II, Shanghai: Zi-ka-wei, pres` Changhai, Impr. de l'Orphelinat de Tóu-sè-wè, 1914

Lorry Swerts, Koen De Ridder, *Mon Van Genechten (1903-1974): Flemish Missionary and Chinese Painter, Inculturation of Christian Art in China,* Leuven University Press, 2002

Natale Vacalebre, *Producione e distribuzione libraria gesuita nel Cinquecento: il caso delle Adnotationes et meditationes in Evangelia di Jeronimo Nadal (Anversa, Martin Nuyts, 1593-1595), Titivillus,* 2015

A. Vasseur, *Mélanges sur la Chine,* Premier volume, *Letters Illustrlées, sur une Ecole Chinoise de Saint-Luc, auxiliaire, De la propagation de la foi,* Paris: Société Générale de la librairie Catholique, Palmé, Editeur, 1884（『中国雑録』）

――――――, *L'Art Chrétien populaire et Description du Paroissien Populaire Illustré,* Abbeville: C. Paillart, 1886（『民間キリスト教芸術と教区民衆描写図』）

――――――, *L'imitation illustrée des familles,* Paris: Letouzey & Ane,（刊行年不明）（『家庭用図像』）

――――――, *Petit manuel Illustré du Chemin du Ciel en 20 grands tableaux,* Paris,（出版社、刊行年不明）（『天国図解 20 枚』）

A. Villion, *Cinquante ans d'apostolat au Japon,* Hong Kong: Imprimerie de la Société des Missions Etrangères, 1923（『日本宣教五十年』）

Felix Wilfred, ed. *The Oxford Handbook of Christianity in Asia,* New York: Oxford University Press, 2014

人名索引

あ行

アクアヴィーヴァ 66
アグネス（聖）127
アトキンソン、ロバート・ウィリアム 130
姉崎正治 19
阿部真造（慎蔵）18-23, 58, 168
アリエス、フィリップ 73
アルムブリュステル 35
アルメイダ、ルイス・デ 141
アレニ、ジュリオ（艾儒略、Giulio Aleni）65-71, 78, 87, 89-91, 189
アロペン（阿羅本、Alopen）85
安中半三郎 181
イエス（イエズス、イエスス、イエズ、ゼズス、ぜずす、主、天主、天帝、吾主、救世主、御子、オンコ、こ）・キリスト（Jesus Christ）2, 13, 26-31, 36, 45-48, 64-68, 70-72, 74, 76, 78, 83, 87, 92-95, 98, 100-106, 110, 112-117, 119, 123, 124, 127, 131, 133, 134, 149, 151, 153, 162, 167, 171-176, 178, 179, 189, 190
いね（シーボルト）126, 127
岩崎京子 1
ヴァスール、アドルフ（范世熙、俊卿、ヴァサール、バザール、Adolphe Henri Vasseur）4-6, 21, 22, 25-37, 40-42, 44, 45, 49, 61-67, 69-73, 78, 79, 83, 85, 91-93, 95-106, 112, 122, 152, 153, 189-191
ヴァリニャーノ（范礼安、Alessandro Valignano）15, 65
ウィエリクス（Antonius Wierix）87, 88
ヴィリオン、A（ビリヨン、ウィリオン）13, 14, 19, 78, 79
上野彦馬 4, 16
ヴェロニカ（聖）105
宇久純定 141
宇久純尭 141
内田慶市 68, 134
浦川和三郎 111, 148
江口源一 1, 22, 43, 44, 48
海老沢有道 19, 21, 23, 24, 35
オイレンブルグ 16
王充 98
大村純尹 141
オコナー 73
織田信長 118
小野忠重 43, 47

か行

カズナーヴ 20
片岡倉松 21
片岡弥吉 1, 19, 43, 45, 47, 123, 132, 144, 167, 169, 170, 172, 180, 182
狩野山楽 101
ガルニエ、ヴァレンティン（倪懐綸、Valentin Garnier）63, 65, 70
ガルニエ、フレデリック・ルイ 3, 110, 155
川原慶賀 47, 48, 127, 132
川原香山 48
川原忠吉（玉賀）47
ギュメン 21
クーザン／クゼン 21, 121

人名索引

クルナス、クレイグ（Craig Clunas）89
クレメント8世（教皇）88
黒田日出男 126, 127
兼吉 17
源信 74
小池寿子 74
康熙帝 93
河野実 134
古賀十二郎 131
越中哲也 43, 47
五島盛運 141
五来重 120
コラエルト、アドリアエン 88
コロンベル（高龍磐、Augustinus M. Colombel）91, 92

さ行

里脇浅次郎 2
ザビエル、フランシスコ 4, 6, 14, 15, 133, 141
澤田美喜 156
三蔵法師 101
サンダース、エリザベス 156, 160
シドッチ、ジョヴァンニ 134
司馬江漢 15
シーボルト 47, 48, 126, 127
シメオニ 85
シメオン 175
下岡蓮杖 17
シャール（湯若望、Johann Adam Schall von Bell）71, 72, 78, 88, 89, 189
シャヴァニャック（沙守真、Emeric de Chavagnac）70

シャルチェ、ロジェ 73
荀子 98
徐光啓 20
鐘鳴旦 20
昭和天皇・皇后 142
ジラール 12, 16, 17
崇禎帝 89
鈴木正 184
鈴木春信 126
ゼネフェルダー 15, 153
荘子 98
ソーレ 157

た行

田口芳五郎 2
田口盧慶 47, 48, 132,
田口盧谷（芦谷）47, 48
田中用次郎 21, 40, 41, 43
谷真介 1
ダビデ／だびど 178
ツルペン 79, 155
程大約（程氏）85-87, 190
ティツィアーノ 118
鉄川与助 110, 143
デュパンルー 11, 12
デリア、パスクワーレ・M 65, 66
董其昌 89
徳川家康 15, 17
豊臣秀吉 56, 141
ド・パッス（Crispijn van de Passe）87
ド・フォス、マールテン（Martinus de Vos）87, 88
ドレ（Henry Doré）102

203

ド・ロード、A 4

な行

永見德太郎 43, 45, 47, 78, 111, 129, 156, 157
中村近蔵 46, 110, 148, 169, 177
中村長八（ドミンゴス）146
ナダール（Jerónimo Nadal）65, 66, 69, 71, 88, 152, 189
ナポレオン1世 11
ナポレオン3世 57
南草庵松伯 17
新関公子 134
西岡由香 2
蜷川式胤 16
ニューロック木綿子 2
ネストリウス 85
ネロ 102

は行

パウロ（聖）3, 45-47, 74, 91, 104, 110, 149, 162
橋口ハセ 173, 174,
パッセリ、ベルナルディオ 88
林羅山 15
原聖（Hara, Kiyoshi）42-44, 49, 64, 78, 79
ピオ9世（教皇）56, 57
樋口弘 43, 48, 111, 112
久志ハル子 3, 41, 192
ビジン 17
ファン・デン・ブルック 16
フィアメリ、ジョヴァンニ 88
フェレル（范廷佐、Joannes Ferrer）62, 91

福沢諭吉 180
プティジャン、ベルナール＝タデー（Bernard-Thadée Petitjean）5, 12-14, 17-37, 55-59, 63, 64, 116, 121, 125, 145, 166-169, 172, 178, 179, 181-184, 191
フューレ／フェリエ 12, 56, 148, 155
ブランカティ（潘国光、François Brancati）65
ペテロ／ペトロ（聖）2, 45-47, 74, 87, 91, 104, 110, 149, 162
ヘボン、ジェームズ 16
ベーリ 16
ペルー／ペリュー 142
ベルナルド（聖）／フレルヴォーのベルナルドゥス（伯爾納）180
ヘロデ 175
ヘンゼラー、エヴァルト 174, 177, 178
ホイジンガ、ヨハン 72
細川潤次郎 16
ポンペ・ファン・メーデルフォルト 16

ま行

前田万葉 2
マケリ、カレル・ヴァン 88
真島源太郎 22, 48, 49
マタイ 87, 94
マッサ（馬義谷、Nicolas Massa）91
マリア、マグダラ 74, 103, 113
マリア／マリヤ（聖、聖母、聖処女、びるぜん、サンタ、さんたまりや）13, 14, 19, 23, 25-27, 32, 35, 44-48, 56, 66, 70, 74, 83, 87, 89, 90, 92, 99, 103, 104, 110, 113, 116, 117, 123, 124, 127, 131, 133-135, 145, 150, 151, 153,

167, 171-173, 178, 190
マルコ 94
マルナス、フランシスク 22, 35
マルマン 142, 146, 155
万暦（帝）85
宮崎惣三郎 47, 132
メルメ 12
ムニクー／ムニクゥ 16, 59, 166
メドハースト 20
孟子 98
モーセ 153
本木小太郎 181
本木昌造 172, 181
森松次郎 18, 19, 23, 35, 58
森禮子 1
モンテコルヴィノ（Giovanni Montecorvino）65

や行

矢野道子 1, 22, 172, 173
山口シズ 41
結城了悟 184
吉雄圭斎 16
ヨセフ／ヨゼフ（聖／サン）2, 40, 44-47, 110, 124, 149, 150, 162, 170, 171, 184
ヨハネ（聖）94, 102-104, 113
ヨハネ五島 141, 145
ヨハネ・パウロ2世（教皇）142

ら行

ラウレス、ヨハネ 19, 35, 167
ラザロ 67-69

ランギア（朗懐仁、Adrien Languillat）91, 93, 94
陸伯都 91
リッチ、マテオ（利瑪竇、Matteo Ricci）20, 66, 85, 87, 91, 133, 134, 190, 191
劉必振 91
ルエダ、フアン・デ・ロス・アンヘルス 23
ルカ 62, 68, 83, 87, 93, 94
レゼー（Lucien Drouart de Lezey）24
老子 98
ローケーニュ／ローカニュ 21, 58, 115
ロッシュ 57
ローチャ（羅儒望、João da Rocha）66, 69, 87, 88, 189
ロヨラ、イグナチオ・デ（Ignacio de Loyola）88, 152
ロレンソ 141
ロンゴバルディ（龍華民、Niccolo Longobardi）66

わ行

若桑みどり 70, 133, 152

A〜Z

Chevreuil 63
Deleuze, Léopold（娶良材）20
Taïx 22, 64

〈執筆者紹介〉（掲載順）

高祖 敏明（こうそ としあき）

1947年広島県生まれ。上智大学特任教授、学校法人上智学院理事長（2018年3月まで）、キリシタン文化研究会会長、カトリック司祭。研究分野は比較教育史。著書に『「東洋の使徒」ザビエル』Ⅰ、Ⅱ（共著：上智大学出版、1999年～2000年）、『プティジャン版集成　解説』（雄松堂書店、2012年）、『キリシタンと出版』（共著：八木書店、2013年）、『シンポジウム「シドッチ神父と江戸のキリシタン文化」報告書』（共著：東京都文京区教育委員会、2018年）など多数。

鄭 巨欣（てい きょきん）

1964年中国浙江省温州市生まれ。中国美術学院教授。研究分野は伝統工芸、現代設計。単著に『世界服装史』（浙江撮影出版社、2000年）、『梓人遺制』（山東画報出版社、2006年）、『中国伝統紡織品印花研究』（中国美術学院出版社、2008年）、共著に『梳理的文明・関于梳篦的歴史』（山東画報出版社、2008年）、『夾染彩纈出—夾纈的中日研究』（山東画報出版社、2017年）など多数。

白石 恵理（しらいし えり）

札幌市生まれ。国際日本文化研究センター助教。研究分野は日本美術史。論文「蠣崎波響の絵画資料——画稿にみる同時代画人との交流」『鹿島美術研究』年報（第20号別冊、2003年11月）、共編『世界の日本研究2015——「日本研究」を通じて人文科学を考える』（国際日本文化研究センター、2016年）、「見立てと写しのアイヌ戯画——メディアとしての〈夷酋列像〉」稲賀繁美編著『映しと移ろい——文化伝播の器と触変の実相』（花鳥社、2019年刊予定）ほか。

野下 千年（のした ちとし）

1937年長崎生まれ。長崎大司教区司祭、長崎県宗教者懇話会顧問。刊行物に「五島とキリシタン」長崎県教育委員会編・発行『キリシタン関係資料（長崎県文化財調査報告書）』（1980年）、編著『長崎の教会：キリシタンの里をたずねて』（聖母の騎士社、1983年）、作詞・作曲「新しい賛美の歌：コンクール入選作品2」（中央出版社、1994年）。オペラ「26人の殉教」企画・製作（1997年）、「殉教400年記念に」（脚本田中澄江、作曲新垣壬敏）。野下監修・新垣壬敏編著『ミサ曲・賛歌集：会衆用』（聖母の騎士社、2009年）、テレビ番組「希望との対話」24回出演『心のともしび』（心のともしび運動YBU本部、2009年4月～10年3月）。

内島 美奈子（うちじま みなこ）

1984年福岡市生まれ。大浦天主堂キリシタン博物館 研究課長。研究分野は西洋美術史、キリスト教美術。論文に「ピエロ・デッラ・フランチェスカ作《キリストの洗礼》の一解釈」『西南学院大学博物館研究紀要』（2号、2014年）、共著論文に「絵踏の展開と踏絵の図像：貸借にみる踏絵観」同紀要（4号、2016年）、共編著に西南学院大学博物館研究叢書『信仰の歴史：キリスト教の伝播と受容』（花乱社、2016年）と『キリスト教の祈りと芸術——装飾写本から聖画像まで』（花乱社、2017年）、共訳にシクステン・リングボム「祈念像と想像的祈念——中世末期の私的信心における芸術の場についての覚書」『西南学院大学国際文化論集（29号、2015年）。

石上 阿希（いしがみ あき）

1979年静岡県生まれ。国際日本文化研究センター特任助教。研究分野は近世文化史。単著に『日本の春画・艶本研究』（平凡社、2015年）、『へんてこな春画』（青幻舎、2016年）、編著に『西川祐信を読む』（立命館大学アート・リサーチセンター、2013年）、共編著に Shunga: Sex and Pleasure in Japanese Art (The British Museum Press, 2013)、2017年に「近世期絵入百科事典データベース (http://dbserver.nichibun.ac.jp/EHJ/index.html)」を公開。

〈編著者紹介〉

郭　南燕
かく　なんえん

1962年中国上海生まれ。日本語文学者、博士（人文科学）。1993～2017年オタゴ大学と国際日本文化研究センターに勤務（准教授）。研究分野は日本近代文学、宣教師の日本語文学と中国語文学。単著に *Refining Nature in Modern Japanese Literature* (Lexington Books, 2014)、『志賀直哉で＜世界文学＞を読み解く』（作品社、2016年）、『ザビエルの夢を紡ぐ：近代宣教師たちの日本語文学』（平凡社、2018年）、共著に『ミッションスクールになぜ美人が多いのか：日本女子とキリスト教』（朝日新聞出版、2018年）、編著に『バイリンガルな日本語文学：多言語多文化のあいだ』（三元社、2013年）、『キリシタンが拓いた日本語文学：多言語多文化交流の淵源』（明石書店、2017年）など多数。

ド・ロ版画の旅
ヨーロッパから上海〜長崎への多文化的融合

2019年3月26日　初版 第1刷発行

編著者　郭　　南　燕
発行者　伊　藤　泰　士
発行所　創樹社美術出版
〒113-0034　東京都文京区湯島2-5-6
TEL 03-3816-3331
http://www.soujusha.co.jp

企画編集　小石川ユニット
　　　　　（ゆにっとアルテ）
組　版　デルタネットデザイン
装　丁　飯田佐和子
印刷／製本　ティーケー出版印刷

定価はカバーに表示してあります。
乱丁・落丁本はお取り替えいたします。

Ⓒ Nanyan GUO 2019 Printed in Japan
ISBN978-4-7876-0106-3
NDC914　22cm × 16cm ／ 227p